Niels Andersen

UNTER FALSCHER FLAGGE

Wie Banken und Reeder Schiffsfonds versenken
- und der Steuerzahler Schiffe finanziert

FBV

Bibliografische Information der Deutschen Nationalbibliothek:
Die Deutsche Nationalbibliothek verzeichnet diese Publikation in der Deutschen Nationalbibliografie. Detaillierte bibliografische Daten sind im Internet über http://dnb.d-nb.de abrufbar.

Für Fragen und Anregungen:
info@finanzbuchverlag.de

1. Auflage 2018
© 2018 by FinanzBuch Verlag,
ein Imprint der Münchner Verlagsgruppe GmbH
Nymphenburger Straße 86
D-80636 München
Tel.: 089 651285-0
Fax: 089 652096

Alle Rechte, insbesondere das Recht der Vervielfältigung und Verbreitung sowie der Übersetzung, vorbehalten. Kein Teil des Werkes darf in irgendeiner Form (durch Fotokopie, Mikrofilm oder ein anderes Verfahren) ohne schriftliche Genehmigung des Verlages reproduziert oder unter Verwendung elektronischer Systeme gespeichert, verarbeitet, vervielfältigt oder verbreitet werden.

Die im Buch veröffentlichten Ratschläge wurden vom Verfasser und Verlag sorgfältig erarbeitet und geprüft. Eine Garantie kann jedoch nicht übernommen werden. Ebenso ist die Haftung des Verfassers beziehungsweise des Verlages und seiner Beauftragten für Personen-, Sach- und Vermögensschäden ausgeschlossen.

Redaktion: Judith Engst
Korrektorat: Sonja Rose
Umschlaggestaltung: Manuela Amode, München
Umschlagabbildung: shutterstock/Pulsmusic
Satz: ZeroSoft, Timisoara
Druck: GGP Media GmbH, Pößneck
Printed in Germany

ISBN Print 978-3-95972-103-5
ISBN E-Book (PDF) 978-3-96092-175-2
ISBN E-Book (EPUB, Mobi) 978-3-96092-176-9

Weitere Informationen zum Verlag finden Sie unter

www.finanzbuchverlag.de

Beachten Sie auch unsere weiteren Verlage unter www.m-vg.de

Inhalt

Kapitel 1: Stapellauf 5

Kapitel 2: Kiel oben: Die geniale Fehlkonstruktion der Schiffsfonds 11

Kapitel 3: Buntes Hafentreiben: Die wichtigsten Mitspieler 39

Kapitel 4: Trügerischer Leuchtturm: Der Fondsprospekt . 69

Kapitel 5: Im Strudel: Eine Blase entsteht – und platzt ... 105

Kapitel 6: Vor Gericht und auf hoher See:
Die juristische Aufbereitung 143

Kapitel 7: Die wahren Kapitäne: Die Banken und ihre zweifelhafte Rolle 175

Kapitel 8: Fazit................................... 195

Literatur... 201

Über den Autor................................... 202

Anmerkungen.................................... 203

Kapitel 1
Stapellauf

Für Kenner der Schifffahrtsbranche hatte es sich lange angebahnt, dennoch schlug das Ereignis hohe Wellen: Im Juni 2017 stellte die Hamburger Rickmers Holding AG – eine der großen und traditionsreichen Reedereien Deutschlands (die »Rickmer Rickmers« im Hafen ist weit über die Stadtgrenzen bekannt) – einen Insolvenzantrag. Kurz zuvor hatte der Vorstand der maßgeblich finanzierenden HSH Nordbank AG das Sanierungskonzept des Unternehmens abgelehnt. Man könnte diesen Vorgang als eine halbwegs normale unternehmerische Episode ansehen, wenn die Firma nicht erst im Jahr 2013 Anleihen über insgesamt 250 Millionen Euro ausgegeben hätte. Anleger, die diese öffentlich handelbaren Finanzprodukte seinerzeit erworben hatten – und darunter finden sich viele Privatanleger –, müssen nun mit einem Totalverlust rechnen. Dabei waren Anleger, die in den Schifffahrtsmarkt investiert hatten, ohnehin Kummer gewohnt – und zwar in der Größenordnung von mehreren Milliarden und mit einem ganz anderen Finanzprodukt: Sie hatten vorher mit geschlossenen Schiffsfonds gewaltige Verluste erlitten.

Fast zehn Jahre nachdem im Zuge der Weltfinanzkrise 2008 Hunderte geschlossener Schiffsfonds in Schieflage gerieten, leiden viele Fondsanleger und inzwischen auch der deutsche Steuerzahler noch immer unter den drastischen finanziellen Folgen. Bis heute haben sich die Schifffahrtsbranche und deren Financiers nicht von diesem harten Schlag erholt – und so hat sich auch für die Anleger nichts zum Guten gewendet. Zehn Milliarden Euro verloren die Investoren von geschlossenen Schiffsfonds allein bis 2014.[1] Mit der Insolvenz der Rickmers Holding AG schließt sich damit ein Kreis, auch wenn die damit versenkten 250 Millionen Euro dagegen fast nebensächlich erscheinen. Sinnigerweise zog bei der Rickmers Holding AG ausgerechnet die HSH Nordbank AG die Reißleine – der einst größte Schiffsfinanzierer der Welt, der Hunderten von Schiffsfonds überhaupt erst zur Taufe verholfen hatte. Heute steckt die Bank selbst in massiven Schwierigkeiten und hat ihre Verluste auf den Steuerzahler übertragen.

Dieses Buch beleuchtet den ungezügelten Markt der geschlossenen Schiffsfonds, Gier, arglistige Kapitäne, Hintermänner, die unter falscher Flagge segelten und Investitionen mit fremdem Geld völlig am Bedarf vorbei tätigten. Die Pleite der Schiffsfonds ausgehend von der Finanzkrise 2008 ist ein Lehrbeispiel für eine geplatzte Blase, die von vielen Akteuren über Jahre hinweg aufgebläht wurde – da bis dahin alles wie geschmiert lief: 2008 verfügte Deutschland auf diese Weise über die weltgrößte Flotte an Containerschiffen, maßgeblich finanziert durch deutsche geschlossene Fonds. Das ging zwar eine Weile gut; auch da sich alle Beteiligten selbst in die Tasche logen. Aber auf weite Sicht waren Schiffsfonds mit ihren langen Laufzeiten und anderen fatalen Aspekten eine völlige Fehlkonstruktion – unabhängig von der Wirtschaftskrise 2008/2009. Ursache davon waren besonders die horrenden Gebühren und sonstigen Erträge der Emissionshäuser, der Reeder und der beteiligten Dienstleister, allen voran der Banken.

Neben den Investmenthäusern und Reedern – den offiziellen Initiatoren, die oft zu ein- und derselben Unternehmensgruppe gehörten – rückt dabei die zweifelhafte Funktion der Banken in den Fokus, und zwar mehrfach: Zum einen finanzierten sie die Schiffe mit umfassenden Krediten. So forcierten sie den Bau immer neuer Schiffe, die gar nicht mehr benötigt wurden – und initiierten damit letztlich die Fonds. Schließlich kassierten sie mit unzähligen Finanzprodukten ab – mit Währungs- und Zinsabsicherungen, mit Pfandbriefen oder Stillhalteprämien – sie verdienten gutes Geld an der gesamten Verwertungskette im Leben eines Schiffes und einer Fondsgesellschaft. Die nächste unsaubere Rolle spielten sie im Vertrieb, bei dem sie einen guten Teil der Schiffsfonds an die – oft unerfahrenen – Anleger brachten. Doch damit nicht genug: Viele Banken waren im Besitz der Bundesländer. Ihr Gebaren konnte am Ende nur durch Milliarden-Steuergelder gerettet werden.

Auf die Spitze getrieben wurden die Machenschaften aller Beteiligten jedoch durch Winkelzüge, die dem Markteinbruch folgten: Als die Finanzakrobatik nicht mehr aufging, wurden die Schiffe – über einen mehr oder weniger erzwungenen Beschluss der Anleger oder zwangsweise über eine gesteuerte Insolvenz – auf eine neue »Hülle« übertragen. Hier entwickelte sich ein modernes Hütchenspiel im großen Stil. Die Anleger der Fonds verloren in der Regel alles.

Dabei waren die Schiffsfonds oft für die Altersvorsorge vorgesehen, Privatanleger hatten nicht selten 100.000 Euro investiert. Wer die durch enorme Interessenkollisionen hervorgerufenen Risiken und den Funktionsmechanismus der Schiffsfonds und des Marktes gekannt hätte, wäre wohl kaum eingestiegen. Denn wer versteht schon Gesellschaftsverträge, Fondsprospekte und die komplexen Risiken des Marktes, die sich hier auf verhängnisvolle Weise gegenseitig hochschaukelten?

Bis heute sind die Versäumnisse, Schiebungen und Delikte nicht gebührend aufgeklärt worden – weder juristisch noch politisch –, während viele Anleger große Teile ihres Geldes verloren haben. Daher zeigt das Buch nicht nur die Hintergründe einer Milliardenpleite, sondern auch, wie Anleger sich heute noch wehren und so zumindest einen Teil ihres Geldes zurückerlangen können.

In diesem Buch werde ich vor allem die Boomzeiten der Schiffsfonds beleuchten, etwa im Zeitraum zwischen 2005 und 2008, also bis zum Crash. Danach war der Markt der Schiffsfonds praktisch tot. Viele Mechanismen, die ich beschreibe, sind jedoch bis heute gültig oder liegen in der Natur von Schiffsfonds oder von geschlossenen Fonds generell. Ich werde schildern, dass die Anleger in den meisten Fällen nur verlieren konnten und dass sie zu keiner Zeit im Mittelpunkt des Interesses der Anbieter und des Produkts »geschlossene Schiffsfonds« standen.

Natürlich konnte man als Anleger durchaus Geld verdienen. Doch einerseits lag dies viele Jahre an der günstigen Besteuerung, anderseits war es eben nur das, was übrig blieb. Die Gewinne hätten viel höher sein können, wenn die Schiffsgesellschaften, also die Fonds, echte Unternehmen gewesen wären, in denen der Anteilseigner an erster Stelle steht. Dagegen waren die Schiffsfonds Cashcows für Fondsanbieter, Reeder, Banken und Dienstleister. Das gesamte Konstrukt und vor allem die Knebelverträge der Banken sorgten dafür, dass zuerst andere Geld verdienten – während ohne die Anleger die Schiffe gar nicht in Fahrt gekommen wären. Viele Beispiele für diesen Selbstbedienungsladen sind haarsträubend. Sie reichen von plumpem Betrug bis zu komplizierten Modellen in Steueroasen und verschachtelten Unternehmensgeflechten, die dem einzigen Zweck dienten, immer neue Finanzströme und Zahlungen zu generieren – auf Kosten des Fonds und damit des Anlegers. Dieses Buch soll daher den Markt, die typischen Mechanismen und die Vorgehensweisen der Akteure beleuchten und damit einen Beitrag zur gesellschaftlichen und auch rechtlichen Aufarbeitung leisten. Es stellt eine Art »Streitschrift« dar. Das Werk wird zeigen, dass Emissionshäuser, Reeder und Banken kein ehrliches Interesse am Erfolg der Produkte hatten, sondern schlichtweg nur auf ihren eigenen Vorteil bedacht waren. Reeder und Banken bauten ein gewaltiges Kartenhaus auf, missbrauchten hierzu förmlich das Geld der Privatinvestoren und ließen sich dann nach dem Zusammenbruch auch noch direkt und/oder indirekt vom Steuerzahler auffangen.

In den Jahren nach der Finanzkrise sind viele kritische Wall-Street-Filme entstanden. Die bizarren Geschichten rund um Schiffsfonds hätten ebenfalls eine Hollywood-Verfilmung verdient. Damit hätten deutsche Anleger von Filmfonds – ökonomisch gesehen ebenso ein großes Desaster – wahrscheinlich endlich einmal in einen Kassenschlager investiert, allerdings ohne Happy End. Dabei war die Story der Fonds selbst nicht einmal schlecht, deswegen funktionierte sie auch zeitweise: Schiffe sind das wichtigste Transportmittel für die Langstrecke, sie sind ein Symbol der Globalisierung, die es gerade wegen der Schiffe schon seit Jahrhunderten gibt. Schließlich wurden die meisten berühmten Entdeckungsziele nur übers Meer erreicht. Daneben sind Schiffe ein Sinnbild der deutschen Exportstärke. Wenn die Tagesschau die neuesten Zahlen des Statistischen Bundesamts zum Außenhandel veröffentlicht, wird oft das Bild von Containerstapeln in einem Hafen gezeigt. Es ist also durchaus verständlich, warum Privatinvestoren auf dieses Produkt bei der Vermögensmehrung setzen. Dabei ahnten sie allerdings nicht, wie kompliziert die Anlage etwa in Containerschiffe durch die Anbieter gemacht wurde – anders als ein simpel aufgebauter Container.

Einige Hinweise: An einigen Stellen im Buch werde ich zwei direkte Beispiele aus meiner Kanzleipraxis ins Feld führen, die die ganze Bandbreite der Verwerfungen beleuchten. Diese betreffen laufende gerichtliche Verfahren. Aus diesem Grund habe ich dort die Namen der beteiligten Emissionshäuser, Reeder, Banken und des Fonds sowie der Schiffe selbst anonymisiert. Einerseits möchte ich damit meine Mandanten schützen. Ich möchte aber auch nicht für Irritationen sorgen oder mir vorwerfen lassen, ich würde das Buch instrumentalisieren, um in der Öffentlichkeit eine Stimmung aufzubauen, die mir im Prozess nutzt. Dennoch sind mir gerade diese beiden Fälle wichtig, weil sie einen sehr intimen Einblick in die ungeheuerlichen Abläufe und Verfehlungen auf dem Markt geben und vor allem auch zeigen, wie genau solch ein Fondsprodukt allen Beteiligten auf den Leib geschneidert war – außer dem Anleger. Die Namen der Akteure dort sind verändert, die Sachverhalte und Zahlen stellen jedoch die Wirklichkeit dar.

In anderen Fällen werde ich vielfach von »formalen« Darstellungen und den »tatsächlichen« Geschehnissen sprechen. Denn sehr viele Vorgänge wurden von Heerscharen von Juristen eben formal so aufgebaut, dass die wahren Hintergründe verschleiert werden sollten – was bislang auch oft gelungen ist. Ich wünsche Ihnen eine spannende und erkenntnisreiche Lektüre!

Niels Andersen, im Januar 2018

Kapitel 2
Kiel oben: Die geniale Fehlkonstruktion der Schiffsfonds

Ein Großteil der Schiffsbeteiligungen in Deutschland wurde über geschlossene Fonds organisiert. Lange Zeit zählte diese Konstruktion zum Grauen Kapitalmarkt, denn sie wurde über Jahrzehnte staatlich nicht überwacht. Peu à peu nahm die Regulierung bis jüngst zu. Von ihrem zweifelhaften Image konnten sich geschlossene Fonds aber nie ganz erholen – obwohl ihr genereller Mechanismus nützlich, nachvollziehbar und funktionsfähig war und ist. Dennoch handelt es sich nicht um eine Standardgeldanlage, sondern ein unternehmerisches Engagement. Und damit geht immer ein Risiko einher, das bis hin zu einem Totalverlust reicht. Wobei hier gerade der wichtigste zu berücksichtigende Punkt liegt: Es ist bei Weitem zu einfach, von einem generellen Risiko eines Totalverlustes zu sprechen und damit im Nachhinein so zu tun, als wäre dem Investor jedwede Verlustfolge »bekannt« gewesen. Es geht vielmehr darum, die Risiken mit ihrer Eintrittswahrscheinlichkeit zu bemessen. Schließlich geht jedermann auch ohne Bedenken vor die Haustür, wenngleich das – eben minimale – lebensgefährliche Risiko besteht, dass ihm ein Dachziegel auf den Kopf fällt.

Und hier liegt das Problem: Das »Unternehmen« Schiffsfonds, bei dem stets auf die »unternehmerischen Risiken« verwiesen wird, wurde von denen konstruiert und gesteuert, die damit Geld verdienen sowie ihre Interessen durchsetzen wollten und konnten. Es war für den Anleger ein Spiel mit gezinkten Karten und hatte für ihn nie etwas mit selbstbestimmtem Unternehmertum zu tun.

Ein geschlossener Schiffsfonds war fast ausschließlich als GmbH & Co. KG organisiert. Die Anleger waren damit so genannte Kommanditisten. Als solche hatten und haben sie unter anderem das Recht, Gewinne zu entnehmen. Doch diese Erlöse konnten ihnen später wieder streitig gemacht werden, das ist eine der Merkwürdigkeiten dieses Konstrukts. Denn die Liquiditätsplanung von Schiffsfonds sah regelmäßig vor, dass vor allem am Anfang keine realen Profite an die Anleger ausgeschüttet wurden, sondern Teile des von ihnen selbst eingezahlten Eigenkapitals. Geld war planmäßig übrig und sollte einen Profit vom Start weg vortäuschen. Die Anleger bekamen also einen Teil ihrer eigenen Mittel zurück, deklariert als Ausschüttung – den sie aber im Krisenfall zurückzahlen mussten, weil es in Wirklichkeit eine Entnahme von Eigenkapital war.

Betriebswirtschaftlich gesehen sind geschlossene Fonds Projektfinanzierungen. Mit ihnen wird ein fest definiertes Investitionsvorhaben realisiert, das heißt, Anlageobjekt, Investitionssumme und Laufzeit sind vorher bekannt. Für die Geldströme existieren Prognosen, die im Wesentlichen lediglich nicht einklagbare und juristisch beziehungsweise gerichtlich bestenfalls eingeschränkt überprüfbare Versprechungen darstellen. Je nach Fonds war eine Mindesteinlage von etwa 15.000 Euro fällig, nach oben hin bestanden keine Grenzen. Vor allem Mittel- und Großverdiener legten ihr Geld in Schiffsbeteiligungen an.

Wer in geschlossene Fonds investierte, finanzierte also mit seiner Einlage die unterschiedlichsten Schiffstypen mit, vor allem Containerschiffe, Massengutfrachter (Bulker) und Tanker. Sobald genug Geld für ein oder mehrere Schiffe gesammelt worden war, wurde der Fonds geschlossen – und das Geld war für viele Jahre gebunden, bis zu 15 oder 20 Jahre war dies der Fall. Denn zwischendurch verkaufen ließen sich die Anteile nicht ohne Weiteres – anders als etwa bei Aktienfonds. Ein richtig funktionierender Zweitmarkt, bei dem man den realen Wert seiner Anlage erhält, existiert bis heute nur in Ansätzen.

Ein Schiffsfonds hatte und hat das Ziel, ein Schiff zu erwerben, es zu betreiben, also an internationale Reedereien zu verchartern, und es schließlich zu verkaufen. Haben die Anbieter – die Emissionshäuser – während der Platzierungsphase genug Geld für ein oder mehrere Schiffsprojekte eingeworben, veräußern sie keine weiteren Anteile mehr und schließen den Fonds. Als Teilhaber, sprich als Gesellschafter, sind die Anleger an Gewinnen und Verlusten beteiligt – und fahren mit ihrer Anlage durch alle Untiefen der sieben Weltmeere. Wirtschaftet der Fonds schlecht, bleiben die Renditen aus. Doch konnte in der Finanzkrise selbst das beste Fondsmanagement nichts ausrichten. Eine ganze Branche und mit ihr ein ordentlicher Teil des investierten Kapitals erlitten Schiffbruch.

Zudem dienten Schiffsfonds – wie andere Fondstypen zu früheren und späteren Zeitpunkten auch – zum Steuern sparen. Viele Fondsarten – und in deren Dunstkreis oft eine ganze Industrie – sind nur deshalb entstanden. Bei Schiffsfonds etwa gab es einst horrende Abschreibungsmöglichkeiten, die das zu versteuernde Einkommen von Großverdienern auf dem Papier nach unten drückten. Viele geschlossene Fonds wurden anfangs nur wegen der Steuervorteile oder der staatlichen

Vergünstigungen aufgelegt. Deswegen gibt es immer historische Phasen, in denen eine bestimmte Fondsart besonders boomt: Nach der Wiedervereinigung waren es beispielsweise Immobilienfonds in den neuen Bundesländern gewesen, später die Schiffsfonds mit gleich zwei verschiedenen Methoden der steuerlichen Bevorzugung und jüngst boomen die erneuerbaren Energien, die von den üppigen Aufschlägen auf unsere Strompreise profitieren. Aufgrund dieser Sondereffekte haben sie den Anlegern unterm Strich durchaus etwas eingebracht. Doch rein unternehmerisch und vor allem gesamtgesellschaftlich gesehen, handelte es sich dabei selten um eine echte Rendite. Wie wir auch bei Windkraft- und Solaranlagen sehen, bieten sie zudem keinen Mehrwert, sondern schieben auf ineffiziente Weise Milliardensummen von einer Tasche in die andere und belasten Wirtschaft und Haushalte.

Bei Schiffs- und anderen Abschreibungsfonds wurde das »Plus« etwa durch Verlustzuschreibungen zu Wege gebracht. Sie drückten das Einkommen von gut verdienenden Zahnärzten auf dem Papier so weit, dass diese damit im Einzelfall sogar in den Genuss der früheren Eigenheimzulage kamen – die eigentlich nur Geringverdienern vorbehalten war. Diese Sondereffekte setzten – staatlich so gewollt – starke Anreize, in diese Bereiche zu investieren. Nicht selten führten diese Weichenstellungen jedoch zu Fehlanreizen, zu Verwerfungen, Spekulationsblasen und überhitzten Märkten, zur Selbstbedienungsmentalität, überhöhten Provisionen und fingierten oder überflüssigen Dienstleistungen (an denen die jeweiligen Firmen zusätzlich verdienten). Bei Schiffs- wie auch bei anderen geschlossenen Fonds schauten alle Beteiligten weitestgehend auf ihre Provisionen und Honorare für branchenübliche Services, die oft unter dem Dach jeweils einer Unternehmensgruppe geschickt verteilt wurden. Echtes Unternehmertum war dies nicht. Nur selten ist auf diese Weise etwas Nachhaltiges geschaffen worden.

Um nicht missverstanden zu werden: Geschlossene Fonds sind ein reelles Finanzierungsinstrument für unternehmerische Vorhaben. Doch deren sprunghaftes und übertrieben häufiges Vorkommen nur in bestimmten Bereichen –, die oft filmreifen Betrügereien und hundertfachen Pleiten – zeigen ihren durchweg künstlichen oder günstigstenfalls wenig innovativen Charakter. Schließlich wurden Tausende Fonds nur um ihrer selbst willen von einer Armada von Dienstleistern aufgelegt – und nicht etwa, weil es dafür einen »natürlichen Bedarf« gab. Am Ende lastete die Nachfrage nach Transportkapazitäten bei Weitem nicht alle Schiffe aus, deren Bau vor allem durch solche Fonds ermöglicht worden waren. Dass diese Finanzierungsform meist auf Sand gebaut war, dafür steht eben auch das rasche Verschwinden dieser Fonds in den jeweiligen Branchen. »Stupid German Money« war in Hollywood ein geflügeltes Wort für das Geld, was über Filmfonds eingesammelt und mit kostspieligen Filmprojekten nahezu ausschließlich versenkt wurde, und es waren nicht einmal B-Movies. Der einzig funktionierende Film war ein Horrorfilm, und dieser lief im Kopf der Anleger ab, als sie ihre Jahresabrechnungen in der Hand hielten.

Weil die Verluste und Fehlschläge typisch, also keine Ausnahme waren, hieß das Segment lange Zeit auch Grauer Kapitalmarkt. Erst seit 2005 gibt es eine Prospektpflicht für geschlossene Fonds. Das heißt jedoch nur, dass ein Anleger alle relevanten Informationen erhalten muss. Der Fondsprospekt muss vorher bei der Bundesanstalt für Finanzdienstleistungsaufsicht (BaFin) eingereicht und von ihr abgenommen worden sein. Es fand und findet dort jedoch nur eine formelle Prüfung statt, keine inhaltliche und schon gar keine Bewertung der Investition. Das dachten und denken aber viele Privatanleger.

Ein geschlossener Fonds in Deutschland, also auch ein Schiffsfonds, hat und hatte fast immer die Gesellschaftsform einer GmbH & Co. KG. Diese Rechtsform verbindet die Vorteile einer GmbH, etwa die der Haftungsbeschränkung, mit den Vorzügen einer Personengesellschaft, wozu auch steuerliche Aspekte gehören. Der Investor übernimmt die Rolle des sogenannten Kommanditisten. Seine Haftung ist auf die Höhe der Einlage limitiert. Die GmbH ist der Komplementär, der vom Wesen her persönlich und unbeschränkt haftet – was bei einer GmbH freilich auf das Gesellschaftsvermögen begrenzt ist.

Geschlossene Fonds sind Publikums-KGs, da sie sich an die Öffentlichkeit wenden und da es viele Kommanditisten gibt. Diese haben eine rein kapitalgebende Rolle. Die faktische Teilhabe an der Geschäftspolitik beschränkt sich also auf den Erhalt von Ausschüttungen während des Betriebs und auf den anteiligen Erlös beim etwaigen Verkauf des Schiffes.

Und warum sind die Fonds »geschlossen«? Nun, ein Austritt der Gesellschafter vor dem geplanten Laufzeitende ist nicht vorgesehen und auch nahezu ausgeschlossen. Denn es würde Liquidität abfließen, und damit wäre der Betrieb der Fondsgesellschaft gefährdet.

Der Markt

Der Fachjournalist Martin Stopford bezeichnete den Schiffsmarkt als »größtes Casino der Welt«.[2] Seit den 70er-Jahren haben deutsche Anleger mehr als 30 Milliarden Euro in dieses Anlageziel investiert. Ihre Hochphase – mit allen Merkmalen einer Überhitzung – hatten diese Fonds von 2005 bis 2008. Damals lagen sie auf Platz 1 der verschiedenen Formen geschlossener Fonds. 2007 allein brachten Anleger ein Eigenkapital von über 3,2 Milliarden Euro in die Schiffsfonds ein. Das Investitionsvolumen, also inklusive Fremdkapital, erreichte in jenem Jahr 7,33 Milliarden Euro[3], ein neuer und seitdem nie wieder erreichter Rekord. Heute nun gibt es 700 insolvente Schiffsgesellschaften, mit allen Konsequenzen für die Investoren. Allein zwischen 2009 und 2013 meldeten rund 160 Einschiffsgesellschaften Insolvenz an.[4]

Über geschlossene Fonds wurden und werden alle gängigen Arten von Schiffen finanziert: Rohöltanker, kleine und große Containerschiffe, Stückgutfrachter oder Massengutfrachter (die sogenannten Bulker), Kühlschiffe, Gastanker, Kreuzfahrtschiffe, Fähren, Autoschiffe oder Mehrzweckschiffe. Zudem gibt es Mischformen wie Semi-Containerschiffe, bei denen neben Containern auch Stückgut geladen wird. Das sogenannte Offshore-Segment umfasst etwa Versorgungsschiffe für Ölplattformen, für die ebenfalls Fonds aufgelegt wurden.

In den Hochzeiten von 2005 bis 2008 floss das Geld vor allem in Containerschiffe. 2007 hielten sie am Gesamtmarkt der Schiffbeteiligungen einen Anteil von fast 51 Prozent, 2001 waren es sogar knapp 72 Prozent. Gleichzeitig wuchsen die Marktanteile von Produkttankern und Massengutfrachtern von je 2,7 Prozent auf 11,5 Prozent und 10,6 Prozent an.[5] Unglücklicherweise sind Containerschiffe jedoch massiv von der Entwicklung der Weltwirtschaft abhängig; mehr noch als andere Schiffsklassen. Schließlich transportieren sie T-Shirts aus Bangladesch, Handys aus China oder Autoersatzteile aus Deutschland. Vor allem bei solchen Produkten schwankt die Nachfrage noch stärker als bei Erdöl, Kohle oder Weizen, die jedoch auch ihre Wechselfälle kennen. Wenn China weniger Konsumgüter in den USA absetzt, kann sich das Land nicht mehr so viel Eisenerz aus Australien leisten. Folglich werden nicht mehr so viele Massengutschiffe benötigt. Mehr noch: Überaus viele Schiffe wurden auf Werften in China bestellt, wobei ein großes

Handelsschiff letztlich hauptsächlich aus veredeltem Stahl besteht – gewonnen eben aus Eisenerz. Schiffe transportierten also den Rohstoff, um weitere Schiffe zu bauen, die dann im Wettbewerb zu ihnen selbst standen. Fast wie ein Perpetuum mobile.

Die Schiffsfinanzierung mit geschlossenen Fonds begann Ende der 1960er-Jahre als reines Steuersparmodell. »Damals wurden einem Anleger zeitweise 300 Prozent Verlust zugewiesen«, erläuterte das Handelsblatt das frühere Konstrukt: »Wenn ein Spitzenverdiener 20.000 Mark in einen Schiffsfonds steckte, minderte er sein zu versteuerndes Einkommen um 60.000 Mark. So bekam ein Anleger bei Steuersätzen von damals mehr als 50 Prozent im Jahr nach der Investition vom Finanzamt mehr Geld zurück, als er investiert hatte. Insofern sei es damals fast egal gewesen, ob ein Schiff genug Geld für eine Ausschüttung erzielte. Der Anleger hatte seinen Einsatz ja bereits raus.«[6]

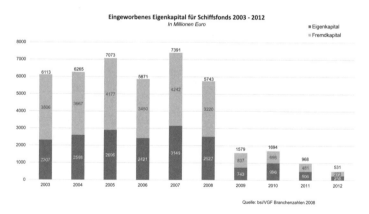

Abbildung 1: Eingeworbenes Eigenkapital für Schiffsfonds 2003 bis 2012

Dies allerdings änderte sich im Laufe der Jahre. 2005 war der Abschreibungsmechanismus endgültig passé. Spätestens dann warben die Emissionshäuser ausschließlich mit den zu erwartenden Renditen. Zwischen 1996 und 2002 blieb das eingeworbene Eigenkapital weitestgehend stabil, dann explodierte das Investitionsvolumen in dieser Anlageklasse förmlich.

Die Stärke Deutschlands als Exportnation ist bekannt; auch ist bekannt, dass wir mit Hamburg einen der zehn größten Häfen der Welt besitzen. Doch haben wohl die wenigsten Menschen unser Land als dominante Seefahrernation wahrgenommen. Dennoch war es bis zur Finanz- und damit auch Schiffsfondskrise im Herbst 2008 so, allen voran bei Containerschiffen. Dabei schwankte der Markt seit jeher: Schon 2005 kam es – auf dem Allzeithoch – zu einem Einbruch der Charterraten für Containerschiffe, den wesentlichen Einnahmen der Schiffs-KGs. Die Raten erholten sich zwar Ende 2005 und im Jahr 2006 wieder, erreichten aber nicht mehr ihren alten Wert und bröckelten zudem danach erneut. Charttechnisch gesehen ist solch ein Hin und Her ein Alarmzeichen, vor allem in Verbindung damit, dass die vorherigen Höchstwerte nicht mehr erreicht werden. Da Charts ein wichtiges Instrument sind, um die Entwicklung von Märkten einzuschätzen, und die Banken solche Charts in großem Umfang nutzen, hätten diese daraus ihre Schlussfolgerungen ziehen müssen – beziehungsweise haben dies wohl auch vergleichsweise frühzeitig getan. Man reagierte und ließ bei diversen Werften bestellte Containerschiffe auf Stückgutfrachter umrüsten – was in frühen Bauphasen noch möglich war beziehungsweise ist. So verwundert es nicht, dass der Markt dieser Schiffe, also der Stückgutfrachter (Bulker), im Jahr 2007 bis Anfang 2008 extrem befeuert wurde und dass immer mehr Fonds solche Schiffe erwarben und betrieben. Manch ein klassischer Container-Reeder kam auf diese Weise zu einer ansehnlichen Flotte von Bulkern – mit denen er bis dahin noch gar keine Erfahrungen hatte.

Die Initiierung der Fonds

Die Konstruktion von geschlossenen Fonds bringt es mit sich, dass die Investments nicht den üblichen Marktgepflogenheiten beim Aufbau eines Unternehmens folgen. Es ist nicht so, als hätte ein kreativer Kopf eine bahnbrechende Idee für ein reelles Produkt, als würde ihm aber nur das Kapital fehlen, das er wiederum über einen Fonds generieren könnte. Sondern es gibt einen boomenden Markt, und dieser wird als Verkaufsargument von Emissionshäusern, Reedern und Banken dazu genutzt, Geld einzusammeln und reale oder vermeintliche sowie oft überteuerte Dienstleistungen in Rechnung zu stellen. Bei Schiffen gab und gibt es natürlich einen tatsächlichen Bedarf, Dinge von einem Kontinent zum anderen zu transportieren. Das gilt aber nicht für alle Fondsschiffe und schon gar nicht zu dem Zeitpunkt, als alle auf diese Karte setzten und die Werften mit dem Bauen von Schiffen gar nicht mehr hinterherkamen. Die Motivation, einen (Schiffs-)Fonds aufzulegen, war eben keine originär unternehmerische nach dem Motto: »Hier will einer einen Mehrwert schaffen, Innovationen auf den Markt bringen oder die Welt mit einem neuen Produkt ein bisschen besser machen.«

Keine Frage: Geld zu verdienen, ist notwendige Basis für jedes Unternehmen. Bei geschlossenen Fonds ist es jedoch die einzige. Kreativität und unternehmerisches Feuer waren meist nur dort ausgeprägt, wo es darum ging, Einnahmequellen zu erschließen und das Fondsvermögen anzuzapfen. Diese Vorbemerkungen sind wichtig, um die typischen Abläufe zu verstehen, mit denen Schiffsfonds aufgesetzt und betrieben wurden. Sie sind auch wichtig, um zu begreifen, warum so viele Schiffe finanziell gesehen versenkt und zum Fiasko für die Anleger und letztlich sogar für den Steuerzahler wurden.

Der Bau eines Schiffes wurde dabei in der Regel in Auftrag gegeben, weit bevor der Fonds initiiert wurde. Die dahinterstehende Methode – nämlich das Schiff erst nach seiner Fertigstellung an den Fonds zu übertragen, natürlich mit deutlichem Gewinn – gehörte zu den vielfältigen und schöpferischen Einnahmequellen der Akteure, hier der Reeder, aber auch der Banken. Beispielhaft sei daher im Folgenden die grundsätzliche Vorgehensweise dargestellt, wobei es mir auf den Mechanismus ankommt. Die Beträge sind bewusst gerundet; auf die Darstellung von Provisionen, Gebühren, Steuern und Zinsen habe ich verzichtet. Dieses Modell gibt es in zahlreichen Facetten, im Prinzip lief es aber so ab:

– Schritt 1: Der Reeder gründete eine Zweckgesellschaft – etwa in Panama, Liberia, aber durchaus auch in Deutschland – für den Bau eines Schiffes.

– Schritt 2: Die Gesellschaft gab den Bau eines Schiffes in Auftrag, meist in Korea, Japan, China, Vietnam oder Polen, über den Wert und den Baupreis von 100 Millionen Euro, wobei bis zur Ablieferung des dann fertigen Schiffes in Raten nur 80 Millionen Euro zu zahlen waren (die letzte Rate von 20 Millionen Euro war erst direkt mit Abnahme fällig).

– Schritt 3: Eine – oft deutsche – Bank gewährte dieser Zweckgesellschaft dafür einen Kredit von 80 Millionen Euro, der in vier Tranchen je nach Baufortschritt ausgezahlt wurde und an die Werft ging.

- Schritt 4: Während der Bauphase, oft zu deren Ende, übertrug beziehungsweise »verkaufte« der Reeder das Schiff auf eine deutsche KG, den (späteren) Fonds. Das Schiff wurde – belegt durch Gutachten – nun mit 110 Millionen Euro bewertet.

- Schritt 5: Zur Finanzierung dieser 110 Millionen Euro wurden bei Anlegern 40 Millionen Euro eingesammelt; dieselbe Bank oder das betreffende Bankkonsortium vergab an die KG einen neuen Kredit über 70 Millionen Euro.

- Schritt 6: Aus der Kaufsumme, die an die Zweckgesellschaft gezahlt wurde, erhielt die Bank ihren 80-Millionen-Kredit für den Bau des Schiffes zurück, die Werft bekam den letzten Teilbetrag von 20 Millionen Euro. Der Reeder hatte nun einen Gewinn von 10 Millionen Euro erzielt – der natürlich von den Fondsanlegern mitfinanziert wurde. Das heißt, diese hatten gleich am Anfang einen Verlust durch einen zu hohen Einkaufspreis von 10 Millionen Euro erlitten.

Manche dieser Aufträge in den 2000er-Jahren beschränkten sich übrigens nicht unbedingt auf ein einziges Schiff, sondern umfassten oft mehrere Schiffe oder gar eine Baureihe. Schließlich reden wir in diesem Buch von einer ganzen Industrie, die Deutschland die größte Containerschiffflotte der Welt beschert hat. Förmlich am Fließband wurden Schiffe in Asien in Auftrag gegeben und entsprechende Fondsprospekte in Deutschland gedruckt. Gerade um das Spitzenjahr 2007 herum liefen die Geschäfte extrem gut, und der Vertrieb rannte bei den Anlegern offene Türen ein. Fondsinitiatoren witzelten noch im Frühjahr 2008 auf einem bedeutsamen Branchentreffen auf Mallorca, dass man sich die Herstellung der Fondsprospekte förmlich sparen könnte.

Eher selten wurden gebrauchte Schiffe gekauft. In der Regel erwarb der Fonds das Schiff direkt von der Werft oder, wie eben dargestellt, über eine zwischengeschaltete Gesellschaft, die damit einen massiven Gewinn verbuchte – und dem Fonds einen Verlust bescherte, bevor er überhaupt in Fahrt kam. Diese Zweckgesellschaft wiederum stand dem Reeder nahe, der das Schiff später für den Fonds managte. Das bedeutet also: Tatsächliche Initiatoren der Schiffsfonds waren oft nicht die vordergründig auftretenden Emissionshäuser, sondern ebenfalls die Reedereien – die jedoch häufig zu ein- und derselben Unternehmensgruppe gehörten. Dieser Punkt ist vor allem für das Thema »Haftung« wichtig. Ich werde diese Verflechtungen – die vielen Anlegern nicht bewusst ist und bei denen auch Banken mit von der Partie waren – noch an vielen anderen Stellen zur Sprache bringen. Besonders in dem Kapitel, das sich um die zahlreichen Akteure und Nutznießer dieses Modells dreht, werde ich darstellen, wie gut die Arbeitsteilung aller Mitspieler konzertiert war. Interessenkonflikte zu Lasten der Anleger waren damit integraler Bestandteil von Schiffsfonds, wobei es bei all diesen Abläufen Mischformen und Unterschiede gab.

Initiatoren der Schiffsfondsgesellschaft – und dahinter steckt die eigentliche unternehmerische Motivation – waren also de facto unter anderem die Reeder und/oder große Unternehmensgruppen, die die sehr gut bezahlten Dienstleistungen rund um einen Schiffsfonds aus einer Hand offerierten. Dem Anleger wiederum wurden damit Finanzprodukte von der Stange angeboten. Dazu gehörten die Formulierung der Gesellschaftsverträge und die personelle Zusammensetzung der Gesellschaft und des Managements. Der Anleger erwartet bei Zeichnung geschlossener Fonds oftmals gar nicht, anders als bei echten unternehmerischen Beteiligungen, dass er aktiv mitreden und mitgestalten darf. Doch wegen der Verbandelung aller Mitspieler hat dieser Modus seine Tücken, wie es auch Experten formulieren: »Durch die hierdurch ermöglichte faktische Beherrschung der Fondsgesellschaft steht es den Initiatoren auch offen, Regelungen zu treffen, welche die Anleger benachteiligen können, ohne dass diese hierauf Einfluss nehmen können. In der Vergangenheit wurden diese Möglichkeiten tatsächlich vielfach zum Nachteil der Kapitalanleger ausgenutzt ...«[7]

Bei Schiffsfonds sind verschiedene Arten üblich: Man konnte und kann in nur ein Schiff investieren, möglich ist aber auch ein Investment in mehrere Schiffe. Daneben gab es Anlagemodelle, die in diverse andere Schiffsfonds investierten und sich dabei nicht einmal auf einen konkreten, vorher festgelegten Fonds fokussierten. Vielmehr entschied das Fondsmanagement später anhand gewisser Anlagekriterien darüber. Zufällig landete das Geld oft in genau jenen Gesellschaften desselben Emissionshauses, die dringend Geld benötigten. Im Sinne der Anleger war das, wie so viele Entscheidungen, nicht.

Die Bedeutung von Fremdkapital

Wie bei jedem unternehmerischen Engagement ist der Anteil von Eigen- und Fremdkapital wichtig einerseits, um eine optimale Eigenkapitalrendite zu erzielen, andererseits, weil oft schlichtweg das Geld fehlt, eine Gesamtinvestition nur aus Eigenkapital zu stemmen. Dies ist die typische Situation bei einer regulären Handelsgesellschaft oder überhaupt bei sonstigen Investitionsvorhaben von Unternehmern, die selbst aktiv ein solches Geschäft initiieren und/oder betreiben. Dass dies eine typische Finanzierungsform ist, wurde und wird den Anlegern (und beispielsweise auch den Gerichten) vor allem auch bei Schiffsfonds erzählt, zumal es hier um sehr große Summen im hohen zwei- bis gar dreistelligen Millionenbereich ging.

Bei Schiffsfonds war ein Fremdkapitalanteil von 60 bis 70 Prozent üblich, im Maximum sogar bis zu 80 Prozent. Der Schiffbau und sein gewaltiges Volumen wurde also in erster Linie durch die umfangreichen Kredite angeschoben – die entsprechend bedient werden mussten. Soweit so normal. Doch je höher die Fremdkapitalquote, desto stärker ist auch der Anteil von Zins und Tilgung – und problematisch wird es in dem Moment, in dem das Geschäft stockt und die Einnahmen wegbrechen. Zudem – und hier sind wir wieder beim Stichwort »Motivation« – lief wegen der deutschen Schiffsfonds das Geschäft dermaßen gut und aus Sicht der Banken wohl nahezu risikofrei, dass es besonders deutsche Banken waren, die auf Schiffsfinanzierungen setzten. Mit der Zeit waren sie aber nicht mehr nur Dienstleister, sondern befeuerten das Geschäft mit, zumal sie sich zusätzlich zu den Krediten noch viele andere Einnahmequellen erschlossen. Das wird uns später noch zu der heiklen Rolle der Banken führen, die weit über ihre klassische Position als passiver Kreditgeber hinausgingen. Auch sie gehörten damit faktisch – neben den Emissionshäusern und den Reedern – zu den Fondsinitiatoren.

Schiffskredite wurden (und werden) überwiegend in US-Dollar und lange Zeit auch in japanischen Yen vergeben, der übrigens etliche Jahre vor dem Euro historisch niedrige Zinsen aufwies. Für den in diesem Buch maßgeblichen Betrachtungszeitraum, also Anfang bis Ende der 2000er-Jahre, lagen die Yen-Zinsen bei gerade einmal 2,5 Prozent, während eine Fremdkapitalaufnahme in US-Dollar mit etwa 7 Prozent zu Buche schlug. Daneben waren auch Kredite in Schweizer Franken nicht unüblich, ebenfalls wegen der damals schon niedrigen Zinsen, und auch in Euro. Freilich brachten Fremdwährungen Währungsrisiken mit sich, wovon später noch die Rede sein wird.

Neben dem klassischen Fremdkapital gab es in der Regel noch die Eigenkapital-Zwischenfinanzierung, wenn das

Eigenkapital noch nicht vollständig eingeworben worden war, aber der Kaufpreis für das Schiff fällig wurde. Dieser Kredit wurde dann mit dem später hinzugekommenen Eigenkapital zurückgezahlt.

Man sieht schon hier: Eine schiffsfinanzierende Bank hatte bei Neubauten in aller Regel den Schiffbau finanziert zu einer Zeit, in der der konkrete Fonds noch gar nicht existierte und dementsprechend noch nicht ein einziger Anleger hieran interessiert war. Sie finanzierte dann – mit neuem Darlehen – den Kauf und Betrieb dieses Schiffes über einen Fonds. Und sie finanzierte dazu in der Einwerbungsphase der Anleger deren einzuzahlendes Kapital übergangsweise auch noch. Dies sind nur die direkten, auf den Fonds bezogenen Finanzierungen, solche gegenüber den eingebundenen Partnern – Werften, Reeder, Emissionshäuser – sind dabei außer Betracht gelassen.

Schon angesichts dieser Tatsache fragt man sich als Anleger, warum ein Fonds nicht zuerst Kapital bei Anlegern einwarb und dann den Schiffbau mit den eingeworbenen Mitteln in Auftrag gab. Für den Anleger wäre dies wesentlich eher eine tatsächlich »unternehmerische Beteiligung« gewesen – und dabei noch weitaus risikoloser als mit den weitreichenden Finanzmitteln der Banken. Aber dies hätte den sämtlichen Initiatoren ihre Gewinne nicht so leicht ermöglicht.

Tonnagesteuer und andere Subventionen

Geschlossene Fonds sind in den einzelnen Bereichen vor allem wegen der steuerlichen Bevorzugung oder Subvention entstanden. Der Grund dahinter ist schlicht: Der Gesetzgeber wollte in den jeweiligen Phasen bestimmte Branchen fördern. Derlei Subventionen sind damit auch ein Instrument der Wirtschaftspolitik; etwa, um die Konjunktur anzukurbeln oder um sich im Wettbewerb gegenüber anderen Standorten weltweit zu behaupten. Dies gilt vor allem auch für die sogenannte maritime Wirtschaft. Schiffseigner können ihre Armada von Schiffen mit einem Federstrich ummelden, nicht nur mittels der berühmten Billigflaggen, für die Panama, Liberia und zunehmend auch Portugal und die Marshall-Inseln bekannt sind. Ein Schiff ist nun einmal, anders als die meisten Dienstleistungs- und Produktionsanlagen, nicht ortsgebunden. Zudem ist der Zusammenhang von Arbeits- und Wohnort der Besatzung ohnehin aufgehoben. Schnell kann also ein Reeder seine Leute woanders finden und unter den Arbeitsbedingungen und -gesetzen eines fremden Staates anheuern. Und so ist die Bundesregierung, anders als in anderen Wirtschaftsbereichen, dazu bereit, Arbeitsvorschriften und Steuergesetze an die internationale Konkurrenz anzupassen – vor allem aber auch die Höhe der Steuer. Die Rechnung ist simpel: Lieber ein kleines Stück vom Kuchen als gar keines. Solch einen Pragmatismus wünsche ich mir auch anderswo.

Bei Schiffsfonds gab es historisch gesehen zwei Arten von Steuervergünstigungen. Bis 1999 und übergangsweise bis 2007 existierten große Abschreibungsmöglichkeiten. So konnten auf Schiffe, die in Deutschland registriert waren, im Jahr der Anschaffung und in den folgenden vier Wirtschaftsjahren Sonderabschreibungen von bis zu 40 Prozent der Anschaffungskosten vorgenommen werden. Der Anleger, seinerzeit in der Regel ein Großverdiener mit Spitzensteuersatz – denn nur so ergab das Modell Sinn –, konnte durch diesen fiktiven Verlust seine Steuerlast massiv drücken. Allein schon deswegen hat sich solch ein Schiffsfonds mitunter gelohnt. Zudem gab es Ausschüttungen. Doch wie hoch sie genau waren, war nicht so wichtig, und auf die Kosten des Fonds musste man ebenfalls nicht achten. Trotz üppiger

Provisionen und jährlicher Gebühren für das Management war solch ein Investment ein Gewinn. Für Normalverdiener oder Leute, die beispielsweise etwas geerbt hatten, kam dieses Modell nicht in Frage (was nicht heißt, dass es nicht auch an sie verkauft wurde). Sie hatten schließlich keine hohe Steuerlast.

Weil die Verlustzuweisungen nicht mehr haltbar waren, wurde Ende der 90er-Jahre der Steuermodus umgestellt. Deutschland führte mit einer großzügigen Übergangszeit die landläufig sogenannte »Tonnagesteuer« ein, ab 2005 und mit Übergangsregelungen spätestens 2007 galt sie vollständig. Seitdem wird nicht mehr der tatsächliche Gewinn versteuert, den ein Schiff via Charterertrag und durch einen späteren Verkauf für die Schiffsgesellschaft erwirtschaftet. Vielmehr gibt sich das Finanzamt mit einer winzigen Pauschalabgabe auf das Frachtvolumen zufrieden.

Die Tonnagesteuer – bei der es sich nicht um eine eigene Steuerart, sondern nur um eine Berechnungsmethode für die Gewinnermittlung einer Schiffsgesellschaft handelt – bemisst sich nach der Größe des Schiffes und ist für Anleger extrem gering. Sie muss allerdings auch dann entrichtet werden, wenn das Schiff Verluste einfährt – eine Konstellation, mit der offenkundig niemand rechnete, die dann aber flächendeckend eintrat. Sonst aber muss der Anleger keine weiteren Steuern zahlen, auch nicht auf den Verkaufserlös des Schiffes. Mit der Tonnagebesteuerung wurde und wird also von üblichen Gewinnermittlungsvorschriften abgewichen, zugunsten eines fiktiv ermittelten Gewinns. Es müssen dafür lediglich bestimmte Voraussetzungen erfüllt sein: Unter anderem muss es für das Schiff einen Gewerbebetrieb mit einer Geschäftsleitung in Deutschland geben, und die Schiffe müssen überwiegend im internationalen Verkehr unterwegs sein.[8] Das Führen der deutschen Flagge hängt damit allerdings nicht zusammen, es war und ist keine Bedingung, wobei früher rund ein Drittel der Containerschiffe die deutsche Fahne führte. Heute hat dieser Anteil drastisch abgenommen.

Die Tonnagesteuer war und ist eine Förderung der deutschen Handelsschifffahrt und wurde eingeführt, weil dies vorher andere Länder getan hatten: die Niederlande 1996, Norwegen 1996 und Griechenland gar 1975. Später kamen Belgien, Dänemark, Finnland, Frankreich, Irland, Spanien und Großbritannien dazu, und auch die EU hat 1998 dieser Praxis ihren Segen erteilt: »Ziel der EU-Leitlinie ist die Sicherstellung eines günstigen Steuerumfelds für Schiffseigner, um so der internationalen Konkurrenz in Form von offenen Registern und Billigflaggen begegnen zu können.«[9] Zudem sind die Umsätze für die Seeschifffahrt von der Umsatzsteuer befreit.[10]

Die Tonnagesteuer reduziert die Steuerlast der Schifffahrtsgesellschaft erheblich. Gerade deshalb waren Schiffsfonds für Investoren so interessant; vorausgesetzt natürlich, das Schiff fährt in den schwarzen Zahlen. Die Tonnagesteuer war der alles entscheidende Hebel bei der Rendite und hat damit sogar ein Synonym für Schiffsfonds hervorgebracht: *Tonnagesteuerfonds*. Daneben hat diese Art der Besteuerung noch einen weiteren Begriff geprägt. Nach dem Ende der reinen Steuerspar- und Abschreibungsmethoden hießen Schiffsfonds sinnigerweise auch »echtes Renditemodell«. Dass Namen Schall und Rauch sind, vor allem wenn sie von Verkäufern kommen, sollte sich später noch bitter zeigen. Anfangs aber täuschte darüber die Tatsache hinweg, dass die Steuerbelastung nur rund ein Prozent der Einnahmen betrug.

Mit der Tonnagesteuer wurden Schiffsfonds auch gegenüber anderen Branchen bevorzugt, die auf Fonds setzten. Allein schon aus ordnungspolitischer Sicht war und ist das zweifelhaft. Doch all das war möglich, wenn es um den internationalen Wettbewerb ging. Der Standort Deutschland, hier nicht einmal ausgedrückt durch Schwarz-Rot-Gold am Heck, hat also die staatlich vorgegebenen Kosten in Form von Steuern und Abgaben für die Kunden der Schiffe auf ein Minimum reduziert. Auf diese Weise ist Deutschland zu einem bedeutenden Spieler in der Schifffahrtsbranche geworden, in manchen Segmenten lagen und liegen wir heute noch auf Platz 1.

Doch rein wirtschaftspolitisch muss man die Effekte deutlich relativieren: Deutschland als Exportmacht und großer Absatzmarkt hätte ohnehin einen großen Hafen und entsprechende Schiffsdienstleister gehabt – von Hafenarbeitern bis hin zu spezialisierten Rechtsanwälten. Zumindest ist deren Kostenkalkulation nicht von der Tonnagesteuer abhängig. Einen besonderen Boom erlebten lediglich die Professionen, die direkt mit der Beauftragung, dem Management und der Finanzierung von Schiffen über die hierfür so offenbar überaus günstige Struktur des deutschen KG-Systems zu tun hatten. Sie alle hätten sich sonst nicht in dieser Größenordnung vor allem in Hamburg und Bremen versammelt. Es hätten wohl auch nicht so viele deutsche Reedereien existiert. Doch von den oft zitierten 480.000 Personen, die heute in der maritimen Wirtschaft arbeiten, würde es den Großteil ohnehin geben, zumal diese von der Branche kolportierte Zahl nicht einmal rein deutsche Arbeitsplätze beziffert.

Der Verband deutscher Reeder (VdR) spricht heute von 62.000 Arbeitsplätzen auf See und 24.000 an Land, die von deutschen Unternehmen geschaffen worden sind. Doch der Bezugsmaßstab dieser Zahlen sind deutsche Unternehmen, nicht Arbeitsplätze. Die Zahl der Besatzungsmitglieder auf deutschen Schiffen, die in Deutschland sozialversicherungspflichtig sind, beläuft sich gerade einmal auf 9.500, darunter sind 6.269 deutsche Angestellte, wie Abbildung 2 zeigt.

Tonnagesteuer und andere Subventionen

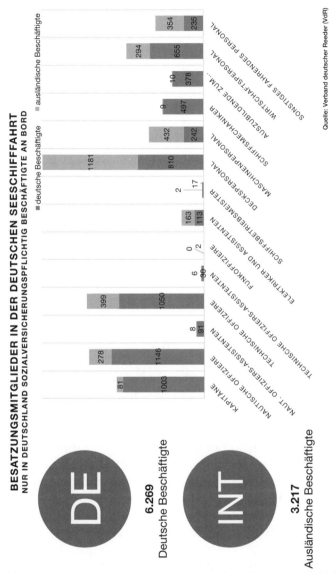

Abbildung 2: Besatzungsmitglieder in der deutschen Schifffahrt

Der Rest der Zahl 480.000 impliziert indirekt Beschäftigte, allerdings in ganz Europa, und induzierte Beschäftigung, also etwa Fälle, in denen ein polnischer Werftarbeiter in Danzig seine Miete zahlt und damit die dortige Bauwirtschaft ankurbelt (vgl. Abbildung 3). Keine Frage: Deutschland lebt vom Export und von der internationalen Vernetzung. Doch 9.500 auf See Beschäftigte und 24.000 an Land – von denen viele jedoch ebenfalls ausländische Angestellte im Ausland sind – nehmen sich für Milliardensubventionen recht dünn aus. Zum Vergleich: Hamburg hat allein 42.000 Beamte.[11]

Deutsche Werften, an die man bei Steuervergünstigungen und Subventionen zuerst denken würde, spielten und spielen auf dem Weltmarkt faktisch wiederum keine Rolle. Sie haben einen Marktanteil von unter einem Prozent und gehören damit nicht zu den Profiteuren der massiven Steuerbevorzugung. Die für deutsche Schiffsfonds vorgesehenen Schiffe wurden ganz überwiegend bei Werften in Fernost bestellt. Also hat sich auch aus wirtschaftspolitischer Sicht das künstliche Anheizen einer Branche nicht gelohnt.

Dabei ist die Tonnagesteuer nicht die einzige staatliche Unterstützung für deutsche Schiffe – und damit auch für das KG-Modell. Deutsche Reeder wurden und werden deutlich entlastet bei der Lohnsteuer oder den Arbeitgeberanteilen für die Sozialversicherung. Und am Ende – doch das ist im wahrsten Sinne des Wortes ein eigenes Kapitel – hat der Staat mit Steuerzahlergeld die (oft landeseigenen) Banken gerettet, die mit ihren gigantischen Krediten überhaupt erst die deutsche Flotte und die Schiffsfonds ermöglicht haben. Ein steuerzahlender Anleger hat also dreimal gezahlt:

– Mit seinem Steuergeld ermöglicht/e er die Subventionen,

– dann rettet/e er mit seinem Anteil die Banken

– und schließlich hatte er noch sein Eigenkapital in den Fonds eingezahlt.

Natürlich ist es aus wirtschaftsfreundlicher Sicht schwierig, eine hohe Steuer als Standard zu bezeichnen und eine niedrige als Subvention. Doch die Staatshilfen für Reedereien bilden Ausnahmen und Entlastungen, von denen andere Wirtschaftsbereiche ausgeklammert sind. Daher sind es Beihilfen, auch indirekt, da dem Staat Einnahmen fehlen, die er sich von anderer Stelle holen muss.

Frühere Subventionsberichte der Bundesregierung beziffern den Wert der Tonnagesteuer und weisen sie als Staatshilfe aus: In 2012 entgingen dem Staat rund 520 Millionen Euro, 2005 war es über eine Milliarde.[12] Trotz der massiven verschiedenen Beihilfen – auch jenseits der Tonnagesteuer – führen die meisten Schiffe eine ausländische Flagge. Insofern stellen viele Kritiker zurecht die Frage, was die Reeder für die erhaltenen Hilfen zurückgegeben haben.

Seit 1999 durften die Reeder 40 Prozent der Lohnsteuer für ihre Angestellten für sich behalten, seit Juni 2016 sind es – wenn das Schiff unter deutscher Flagge fährt – 100 Prozent. Dabei hatte bereits 2007 der Bundesrechnungshof diese Praxis gerügt und schlicht festgestellt: »Die mit der Regelung verfolgten Ziele werden nicht erreicht.«[13] Trotzdem hat die Große Koalition entschieden, jährlich auf rund 45 Millionen Euro (2016) an Lohnsteuer zu verzichten.[14] Doch das ist noch nicht alles: Reeder zahlen zwar Sozialabgaben für ihre Seeleute, sie erhalten diese aber zurück, was 2016 genau 58 Millionen Euro ausmachte. »Damit schafft es die Branche im aktuellen Subventionsbericht der Regierung unter die Top 20 der größten Finanzhilfen des Bundes«, kritisiert DIE ZEIT. Die in Nachbarschaft der Reeder beheimatete Hamburger Wochenzeitung zog denn auch ein verheerendes Fazit: »Zu-

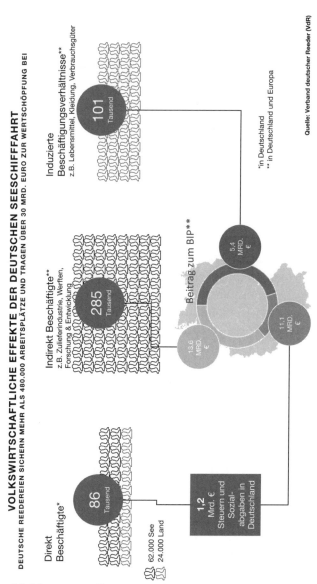

Abbildung 3: Volkswirtschaftliche Effekte der deutschen Seeschifffahrt

sammengerechnet kostet die gute Lobbyarbeit der Reeder den Steuerzahler über den Daumen gepeilt knapp eine halbe Milliarde Euro pro Jahr.«[15] Das Blatt zitiert Michael Thöne, der das Finanzwissenschaftliche Forschungsinstitut an der Universität Köln leitet und als Sachverständiger für den Bundestag eine entsprechende Stellungnahme geschrieben hat: »Es gibt so gut wie keine Branche, die, bezogen auf ihre Größe, so intensiv gefördert wird wie die deutsche Seeschifffahrt.« Es fließe viel Geld für wenig Beschäftigte.[16] Dabei sind direkte Fördermittel, wie für Forschung und Innovationen, hier nicht einmal einberechnet.

Förderungen aller Art sind allerdings auch eine Reaktion auf ähnliche Hilfen in anderen Ländern. Die Bundesregierung selbst beklagte 2017: »Die Marktverzerrungen durch staatliche Unterstützungen insbesondere im asiatischen Raum haben negative Auswirkungen auf die deutsche und europäische maritime Wirtschaft.«[17] Insofern ist es ein Wettlauf um Standortbedingungen, der von der Reeder-Lobby weltweit munter ausgenutzt wird.

Es wird den aufmerksamen Leser inzwischen nicht mehr verwundern, dass einheimische Reeder mitunter weite Teile ihrer Aktivitäten gerade in den asiatischen Raum verlagert und hierfür vor Ort eigene Büros, Tochterunternehmen und Ähnliches gegründet haben. So hieß es auf einem der Hansa-Foren in Hamburg aus den vergangenen Jahren, einer der wohl bedeutendsten nationalen Konferenzen eben der maritimen Wirtschaft: »Shipping goes Asia«.

Was sind also die Gegenleistungen der maritimen Wirtschaft für die stattlichen Fördermittel der Steuerzahler? Kehrt nun die deutsche Flagge auf den Weltmeeren zurück? In seiner Pressemitteilung zur Verabschiedung des Gesetzes im Januar 2016 sprach der Verband deutscher Reeder (VdR) noch davon, dass »die Reeder damit in die Verantwortung genommen werden. Diese Verantwortung werden wir unverzüglich mit aller Kraft annehmen, sobald alle Maßnahmen Gesetz sind.«[18] So, als ob es die erste Subvention wäre, die die Reeder vom Staat erhalten.

Die Unterstützung ist dabei hoch angebunden. Nicht nur gibt es einen maritimen Koordinator, meist einen Parlamentarischen Staatssekretär im Bundeswirtschaftsministerium – sogar Bundeskanzlerin Angela Merkel redet regelmäßig auf der Nationalen Maritimen Konferenz. Sie hat dort 2015 persönlich die Lohnsteuermaßnahme angekündigt und versprochen, dass dies »kurzfristig gesetzgeberisch umgesetzt werden soll«. So kam es auch, und der VdR bedankte sich prompt: »Wir haben eine Bundeskanzlerin, die die maritime Wirtschaft versteht und weiß, was diese braucht.«[19]

Trotzdem fahren von den 2.720 Schiffen im Jahr 2017 gerade einmal 178 unter deutscher Flagge, also nicht einmal sieben Prozent. Und es sind sogar noch weniger als 2016, als man noch vollmundig kundgab, mit der Einführung der Lohnsteuerhilfe würde man fleißig »zurückbeflaggen«.

So ist es auch folgerichtig, dass der Bund seit 2017 die Arbeitgeberanteile für alle in Deutschland sozialversicherungspflichtigen Seeleute (aus dem Europäischen Wirtschaftsraum) zu 100 Prozent erstattet. Das Schiff muss dazu in einem deutschen Schiffsregister eingetragen sein, aber nicht einmal die deutsche Flagge führen. Es reicht die eines EU-Staates oder EFTA-Mitglieds (EU-Staaten plus Island, Liechtenstein, Norwegen und die Schweiz) aus. Immerhin wird betont: »Die Auswirkungen der Entlastungsoffensive auf die deutsche Flagge sind in regelmäßigen Abständen einem Monitoring zu unterziehen und vier Jahre nach dem Inkrafttreten des Gesamtpaketes zu evaluieren.«[20]

Auch die Bundesregierung schwärmt über die aufgeblasene 480.000-Personen-Statistik, etwa in ihrem *Fünften Bericht der Bundesregierung über die Entwicklung und Zukunftsperspektiven der maritimen Wirtschaft in Deutschland*: »Damit ist die Branche einer der wichtigsten Wirtschaftszweige Deutschlands.« Die meisten Beschäftigten dürfte es allerdings auch ohne ein einziges deutsches Schiff und ohne einen einzigen Subventionseuro geben – und zwar nicht nur alle Mitarbeiter und Lotsen im Hamburger Hafen, sondern auch die Schleusenwärter auf dem Nord-Ostsee-Kanal.

Schuldenerlasse (auf die ich noch zu sprechen komme), Bankenrettung, Befreiung von der Lohnsteuer und dem Arbeitgeberanteil bei Sozialversicherungen – unterm Strich haben all diese Maßnahmen auch das Entstehen der Schiffsfonds begünstigt. Schließlich fiel auf diese Weise die Gesamtkalkulation der Schiffe günstiger aus. Es ist bitter, dass all dies am Ende nicht einmal etwas gebracht hat, wie so viele Subventionen, die Fehlanreize setzen, den Markt verzerren, wirtschaftlich unvernünftige Entscheidungen fördern und notwendige Anpassungsprozesse hinauszögern. Als wäre es ein Sinnbild für die abenteuerlichen Kosten der Schiffsfonds selbst, standen und stehen die Aufwendungen der deutschen Gesellschaft in keinem Verhältnis zum Nutzen.

Kapitel 3
Buntes Hafentreiben:
Die wichtigsten Mitspieler

Hamburg galt zu den Hochzeiten der Schiffsfonds als der mit Abstand wichtigste Markt für das Chartern von Containerschiffen – dem zahlenmäßig größten Schiffstyp der Welt und Hauptanlageobjekt der Fonds. Die Hamburger Schiffsmakler kontrollierten damals sage und schreibe drei Viertel der auf dem freien Markt verfügbaren Chartertonnage.[21] Es gab und gibt teilweise heute noch eine weltweit einmalige Konzentration von Reedern, Emissionshäusern, Spezialbanken, Fachanwälten und Dienstleistern aller Art in der Hansestadt, ganz zu schweigen vom weltberühmten Hafen, von Logistikern und Werften. Auch der Internationale Seegerichtshof befindet sich in Hamburg. Dieser allerdings kümmert sich – obwohl sich das Buch unter anderem um die juristische Aufarbeitung dreht – nicht um die Strafverfolgung der Fondsverantwortlichen.

Im vorangegangenen Abschnitt habe ich die wichtigsten Mechanismen eines Schiffsfonds beschrieben und dabei bereits die Themen »Motivation« und »Initiative« angerissen. In diesem Kapitel werde ich diese Aspekte vertiefen und die Mitspieler auf dem Markt vorstellen, von denen der größte Teil miteinander verwoben war, ja teilweise zur jeweils selben Unternehmensgruppe gehörte. Die Rolle der Akteure, ihre Motive und die oftmals ausschließliche Verfolgung von Eigeninteressen haben die Fondsflotten in den Untergang getrieben.

Reeder

Ich schreibe naturgemäß oft über Reeder. Doch anders als früher – und dies entsprach auch ihrem klassischen Selbstverständnis – sind jene Reeder aus diesem Buch nicht die Eigentümer der Schiffe. Eigner ist schließlich der Schiffsfonds. Das Berufsbild hat sich gewandelt, heute chartert etwa die Hälfte der Reeder ihre Schiffe. Diese Charterer, die ich gesondert vorstellen werde, sind auf diese Weise flexibler. Denn eigene Schiffe zu unterhalten, bindet knappe Liquidität und birgt mehr unternehmerische Risiken.[22]

Die Reeder in diesem Buch sind Vertragsreeder, also Dienstleister, wobei die Aufgaben weitestgehend dieselben geblieben sind, nämlich den Betrieb des Schiffes zu organisieren, es instand zu halten, die Mannschaft anzuheuern, für Ausrüstung und Proviant zu sorgen, alle kaufmännischen und technischen Angelegenheiten zu erledigen und vor allem das Schiff zu verchartern und das Geld einzuziehen.[23] Eine Reederei übernimmt damit das kaufmännische und nautische Management des Schiffes und übt in aller Regel die Geschäftsführung der Beteiligungsgesellschaft aus.

Die offizielle – wir kommen gleich noch zur inoffiziellen – Beziehung zwischen Reeder und Fondsgesellschaft läuft dabei über einen Geschäftsbesorgungsvertrag. Rechtlich entspricht dies der Stellung eines Handelsvertreters, da der Reeder die Geschäftstätigkeit als selbstständiger Unternehmer im Namen des Schiffseigentümers ausübt. Neben den oben beschriebenen Aufgaben im Tagesgeschäft kümmert sich ein

Vertragsreeder am Ende der Fondslaufzeit auch um die Verwertung des Schiffes. Dafür erhält er in aller Regel eine extra Vergütung und gegebenenfalls auch einen Erfolgsbonus – alles Komponenten, die er sich selbst als Initiator eines solchen Fonds in die Vertragsgrundlagen einbauen kann.

Dabei beteiligte sich eine Reederei, die ein Schiff managte, regelmäßig auch an dem geschlossenen Fonds. Dies wurde teilweise als Beleg dafür angesehen und auch durch den Fondsprospekt herausgestellt, dass sich die Reederei ebenfalls unternehmerisch engagierte, also mit ins Risiko ging. Tatsächlich war eine solche Beteiligung – zumindest teilweise – steuerlich motiviert. Die Beteiligungen waren meist ohnehin überschaubar und wurden durch die Gewinne und Erlöse aus anderen Bereichen der Geschäftsbeziehung weit übertroffen. Manchen Vertragsreedern wurde sogar eine Sperrminorität am Kommanditkapital eingeräumt. Das brachte auch seine Tücken mit sich. Jan-Holger Arndt und Sina Baldauf (*Geschlossene Fonds/Schiffsfonds*) urteilen über solche Fälle: »Einerseits mag das Ausmaß dieser Beteiligung des Vertragsreeders dem jeweiligen Investor das notwendige Vertrauen für das eigene Engagement geben. Andererseits kann eine solche Abhängigkeit vom Vertragsreeder im Konfliktfall von Nachteil sein, weil bei drohender Insolvenz des Vertragsreeders dessen Auswechslung kaum erreichbar sein wird.«[24]

Auf der anderen Seite, und darum ging es natürlich im Kern, bekam die Reederei für ihre Tätigkeit etwa vier bis fünf Prozent der Bruttochartereinnahmen. Es waren aber auch Pauschalmodelle üblich, bei der die Reederei beispielsweise 250.000 Euro pro Jahr erhielt.

Zwischen Vertragsreeder und Emissionshaus gab und gibt es oft gesellschaftsrechtliche Verbindungen, das heißt, beide gehören zur selben Unternehmensgruppe. Dies wird und wurde im Verkaufsprospekt aber nicht unbedingt immer genannt, was ein Kritikpunkt ist, da ein Investor nicht über mögliche Interessenkonflikte aufgeklärt wird. Das sieht auch Martin Voigtmann so, Autor des Buches *Geschlossene Fonds*: »Problematisch sind Verflechtungen der meisten Initiatoren mit Reedern, etwa über Tochterfirmen. Dadurch werden Schiffe nicht nur nach ihrer Attraktivität ausgewählt, der Hausreeder steht Pate. Vielleicht liefert er besseres Know-how und exklusive Angebote oder aber Reedereieinnahmen. Dem Anleger stellt sich die Frage, ob er neutral geprüfte Schiffe erhält oder der Reeder dem Fonds Rostkähne unterjubelt.«[25] Ähnliche Kritikpunkte lassen sich anführen, wenn es um die Suche und Auswahl der Beschäftigung eines Schiffes geht: Ein besonders guter Chartervertrag mag einen Reeder dazu bringen, diesen nicht etwa dem Schiff einer Fondsgesellschaft zuzuschreiben, sondern eher einem der eigenen Schiffe.

Charterer

Ein Schiffsfonds erzielt seine Erlöse mit dem Verchartern des Schiffes. Vom späteren Verkauf einmal abgesehen, ist dies die einzige Einnahmequelle. Dazu wird das Schiff an ein externes Logistikunternehmen vermietet, den Charterer. In einem Zeitchartervertrag werden dazu alle wichtigen Konditionen festgelegt, vor allem aber die Laufzeit und die Charterraten.

Ein Charterer mietet ein Schiff für einen bestimmten – bei Schiffsfonds oft mehrjährigen – Zeitraum mit Ausrüstung und Besatzung an und zahlt dafür einen vorher festgelegten Preis. Eine zweite Möglichkeit ist der sogenannte Bareboat-Chartervertrag, bei dem das Schiff so, wie es ist also leer und ohne Besatzung – verliehen wird. Der Zeitchartervertrag ist jedoch das gängige Modell.

Als zunächst einzige Einnahmequelle für die KG ist die Charterrate mit ihrer vertraglichen Ausgestaltung für das Thema dieses Buches und die Folgen in der Krise zentral, und zwar gleich in zweierlei Hinsicht:

– Für die rechenbaren Erträge der Schiffsgesellschaft und

– für die Bemessung des Schiffswertes (Ertragswert).

Neben der schieren Höhe der Charter ist dabei die Laufzeit des Chartervertrags von nahezu existenzieller Bedeutung: Wer beispielsweise im Jahr 2004 einen Schiffsfonds auflegte und einen Chartervertrag hatte, der genau im ersten Krisenjahr 2009 endete, sah sich mit riesigen Problemen konfrontiert. Demgegenüber konnten zunächst im Jahr 2009 und den Folgejahren jene gut schlafen, die ihren Charterer bis beispielsweise zum Jahr 2014 gebunden hatten – auch wenn man sich dies zum Verhandlungszeitpunkt mit dem Zugeständnis erkauft hatte, dass die Charterrate nur moderat stieg. Andere, die kürzere Laufzeiten ausgehandelt hatten, gingen davon aus, die Charterraten würden sich deutlich erhöhen. Niemand konnte 2004 die Finanzkrise oder ihre Folgen erahnen, aber diese beiden Konstellationen sind ein Paradebeispiel für das Motto: »Lieber den Spatz in der Hand als die Taube auf dem Dach«.

Ein klassisches Element eines Chartervertrags ist es, mit den Charterern Optionen zur Verlängerung auszuhandeln, beziehungsweise hatten sich umgekehrt die Charterer diese Möglichkeit ausbedungen. Doch es liegt auf der Hand – und genauso kam es auch in der Krise –, dass diese Option nur dann genutzt wird, wenn sie dem Vertragspartner nutzt, hier also dem Charterer. Dazu lesen Sie im Krisenabschnitt mehr, doch ich verrate kein Geheimnis: Die Charterraten waren ab 2008 im freien Fall. Charterer hatten zu diesem Zeitpunkt eine extrem gute Verhandlungsbasis.

Damit Fonds und Schiffseigner generell Investitionssicherheit besaßen, hatten sich mit geeigneten und hierzu bereiten Charterern teilweise lange Festcharterlaufzeiten am Markt etabliert, etwa acht bis zehn Jahre, wobei es für die Vercharterer selbstredend gut war, wenn sie eine der großen Linienreedereien mit einer ausgezeichneten Bonität als Kunden hatten.[26] Auch wenn die Unterschiede oft nur zwei bis drei Jahre ausmachten, trennte sich in den Jahren 2009, 2010 und 2011 mit diesem zentralen Vertragsbestandteil die Spreu vom Weizen. Die Wette lautete aus Sicht des Schiffseigners: »Kürzere Laufzeit mit der Chance auf spätere höhere Charterraten, aber auch dem Risiko eines Preisverfalls« versus »Längere Laufzeit mit stabilen Einnahmen, aber dem Risiko, an steigenden Preisen nicht teilzuhaben«. Dabei wäre es vermessen zu behaupten, irgendjemand hätte die US-Immobilienkrise und deren Dominofolgen kommen sehen. Eines jedoch war Mitte der 2000er-Jahre realistisch: anzunehmen, dass der Run auf Schiffe zu einem Überangebot und damit zu einem Verfall der Charterraten führen würde. Doch am Ende war dieser Vertragsaspekt eine reine Spekulation – mit dramatisch unterschiedlichen Folgen für die Anleger.

Die Faustregel lautete so, wie wir es auch aus anderen Wirtschaftsbereichen her kennen: Ein langjähriger Festcharterer brachte der Schiffsgesellschaft zu Gut-Wetter-Zeiten niedrigere Charterraten als ein kurzfristiger. Es gab dabei keine Chance auf einen Anstieg der Erlöse, aber auch vermeintlich kein Risiko, wenn die Charterraten einbrechen sollten.

Zudem gab es oft zwei Ansätze, die Charterraten für längere Laufzeiten zu vereinbaren, einen etwas geringeren Anfangswert mit leichten Steigerungen und einer höheren Charterrate, die stabil blieb: Bei der MS France etwa musste der Charterer »Orient Overseas Container Line Ltd., OOCL« aus Hongkong anfangs (2002) 25.000 US-Dollar pro Tag berappen, am Ende der achtjährigen Laufzeit (2009) 27.000 US-Dollar. Beim – etwas größeren, ansonsten aber weitestgehend vergleichbaren – Schiff »Conti Helsinki«, musste der Charterer Hanjin Shipping eine leicht höhere, dafür aber gleichbleibende Tagesmiete von 27.500 US-Dollar zahlen.

Die Bedeutung der Charterrate ist in Höhe und Ausgestaltung zwar offenkundig, sie ist aber auch aus rein betriebswirtschaftlicher Sicht eine entscheidende Stellschraube: In einer entsprechenden Analyse hat Dominique Mundt (*Geschlossene Schiffsfonds*) festgestellt, dass eine geringere Charterrate negativere »Auswirkungen auf den Erfolg einer Schiffsbeteiligung haben kann als ein Anstieg der Schiffsbetriebskosten.«[27] Ab 2008 schlug dieser Effekt unbarmherzig zu.

Das Logistikunternehmen zahlt die Charterraten natürlich nur, wenn das Schiff tatsächlich auch fährt. Die Schiffsgesellschaft hat also ein starkes Interesse daran, dass jeder Tag ein Einsatztag ist. Werftliegezeiten und Reparaturen bringen der KG schließlich außer Kosten nichts ein. Fonds haben daher die Charterraten auch 360 Tage pro Jahr kalkuliert.

Stark geschwankt haben die Charterraten jedoch schon immer, nicht erst in der globalen Finanzkrise. So berichtete der bekannte und auf geschlossene Fonds spezialisierte Finanzjournalist Stefan Loipfinger: »Containerschiffe mit einer Stellplatzkapazität von 2.500 Standardcontainern brachten in der sehr schwierigen Marktphase Anfang 2002 eine Tagesrate von unter 10.000 US-Dollar. [...] In der absoluten Euphoriephase Anfang 2005 wurde für dieses Schiff ein Tagespreis von fast 40.000 US-Dollar bezahlt.«[28] Diese hohe Charterrate war aber teuer erkauft, schließlich reagierten alle Marktteilnehmer auf die Konjunktur, wie Loipfinger schrieb: »Dieses Schiff kostete in der günstigen Marktphase gut 20 Millionen US-Dollar. In der Boomzeit musste dafür bis zum Dreifachen bezahlt werden. Selbst ein gebrauchtes Schiff konnte für 40 bis 50 Millionen US-Dollar verkauft werden.«[29] Hier zeigt sich, dass der Wert eines Handelsschiffes im Grunde einzig an seinem Ertrag in Form der Charter bemessen wird – was wiederum vielerlei Rückwirkung auf die gesamte finanzwirtschaftliche Konstruktion der Fondsgesellschaft haben sollte.

Fondsanbieter/Emissionshäuser

Die Emissionshäuser sind der formale Hauptakteur und Initiator der Schiffsfonds. Sie legen die Fonds auf, platzieren die Schiffe am Kapitalmarkt und sorgen für die gesamte kaufmännische Abwicklung des Investments. Sie sind die offiziellen Initiatoren des Fonds – aber de facto nicht die einzigen. Reeder und Banken haben die Gründung von Fonds ebenfalls – unabhängig von gesellschaftsrechtlichen Verflechtungen – massiv mitbetrieben. Dies wäre weniger schlimm gewesen, wenn es transparent gehandhabt worden wäre.

Emissionshäuser für Schiffsfonds, die oft in Hamburg saßen, erstellten in der Investitionsphase das Beteiligungskonzept, formulierten und veröffentlichten den Verkaufsprospekt und betrieben Marketing, um schließlich das Eigenkapital einzuwerben. Emissionshäuser erledigten das Controlling, organisierten die Zusammenarbeit mit dem Fondsbeirat und übernahmen regelmäßig die Information der Investoren über die meist zum Unternehmensverbund gehörenden Treuhandgesellschaften. In der Veräußerungsphase erstellten sie dann Marktanalysen, bewerteten Kaufangebote und nahmen auch bisweilen an den Verkaufsverhandlungen teil. Dies ist ein idealtypischer Überblick[30], und einige dieser Aufgaben wurden auch an Vertragspartner delegiert.

Rund 30 % der geschlossenen Fonds machten allein die Schiffsfonds aus (siehe Abbildung 4). Die größten Initiatoren für Schiffe im letzten Boomjahr 2008 waren die HCI Capital AG (272 Millionen Euro eingeworbenes Eigenkapital), Nordcapital (267 Millionen Euro) und MPC Capital (208 Millionen Euro).[31] Nachfolgend gebe ich einen kurzen Überblick über diese Häuser und das über Schiffsfonds platzierte Eigenkapital. Die Zahlen sind nicht direkt miteinander vergleichbar, da sie nicht für den jeweils selben Zeitpunkt und auch nicht immer nur für Schiffsfonds einzeln ausgewiesen worden sind. Sie geben dennoch einen hervorragenden Überblick über die riesige Dimension dieses Marktes bis zum Crash, denn obwohl einige Zahlen von den Fondsinitiatoren bis heute aktualisiert werden, war 2008 die große Zeit der Schiffsfonds vorbei.

Die börsennotierte **HCI-Gruppe** hatte ihren großen Schwerpunkt bei Schiffsbeteiligungen und sammelte über alle Fondsklassen hinweg von 1985 bis 2013 ein Eigenkapital von sechs Milliarden Euro bei einem Gesamtinvestitionsvolumen von rund 15 Milliarden Euro ein. Zusammen mit der Peter Döhle Schifffahrts-KG gründete das Fondshaus die Hammonia Reederei GmbH & Co. KG als Joint Venture . Im Jahr 2005 gründete man gemeinsam mit der zur griechischen Hellespont-Reederei gehörenden Hellespont (Deutschland) GmbH und der zur Peter Döhle Schifffahrts-KG gehörenden MS »Nike« Schifffahrts GmbH & Co. KG über eine eigene Tochtergesellschaft die Hellespont Hammonia GmbH & Co. KG als weiteres Joint Venture, wofür eine ganze Flotte von Tankschiffen bestellt und über HCI-Fonds finanziert werden sollte. Im Jahr 2016 übernahm die HCI Capital AG die Mehrheit der Anteile des Emissionshauses König & Cie. – einst ebenfalls ein großes Fondshaus – und später die Hamburger Ernst Russ Reederei. Heute firmiert das gesamte Unternehmen als Ernst Russ AG. Es ist ebenfalls börsennotiert. Die

HSH Nordbank AG hält dabei einen Anteil von mehr als 16 Prozent, die Döhle Gruppe gut 38 Prozent[32].

Nordcapital wurde 1992 gegründet und hat bis heute gut 100 geschlossene Schiffsfonds für 122 Schiffe mit einem Gesamtinvestitionsvolumen von 5,3 Milliarden Euro aufgelegt. Hierauf entfällt ein Anlegerkapital von etwa 2,7 Milliarden Euro[33]. Die Gesellschaft gehörte wie die Reederei E. R. Schifffahrt zum Firmengeflecht der E. R. Holding. Dahinter stand und steht Erck Rickmers, der Bruder von Bertram Rickmers von der Rickmers Holding AG, die im Mai 2017 Insolvenz anmeldete.

Die Rickmers-Gruppe von Bertram Rickmers verfügte mit der **ATLANTIC** Gesellschaft zur Vermittlung internationaler Investitionen mbh & Co. KG ebenfalls über ein eigenes Emissionshaus nebst Treuhandverwaltungsgesellschaft. Über dieses wurde nach eigener Darstellung bis 2006 ein Investitionsvolumen für Schiffsbeteiligungen von 1,1 Milliarden Euro abgewickelt und dabei ein Eigenkapital von 483 Millionen Euro eingeworben.[34]

Schiffsfonds waren stets auch ein großes Standbein von **MPC Capital**, neben Immobilien- und anderen Fondsklassen. Allein bis 2007 legte die – ebenfalls börsennotierte – MPC Capital über 93 Schiffsfonds mit einem Investorenkapital von knapp 2,6 Milliarden Euro auf und finanzierte damit Schiffsprojekte mit einem Gesamtvolumen von 7,6 Milliarden Euro.[35]

Die **CONTI** Unternehmensgruppe mit dem Fondshaus Conti Reederei Management GmbH & Co. Konzeptions-KG hatte von 1970 bis 2011 insgesamt 139 Hochseeschiffe, ein Hochseekreuzfahrtschiff und zwei Flusskreuzfahrtschiffe mit einem Gesamt-Investitionsvolumen von knapp 6,4 Milliarden Euro finanziert und dazu mehr als 2,6 Milliarden Euro von Anlegern eingesammelt.[36]

Die **Lloyd Fonds AG** legte bis einschließlich 2008 insgesamt bei 94 Beteiligungsangeboten 71 Schiffsfonds auf. Zahlen für die Schiffsinvestitionen allein sind nicht bekannt. Das Gesamtvolumen aller Projekte bis 2008 betrug jedoch 4,3 Milliarden Euro[37], das platzierte Anlegerkapital dürfte dabei leicht unter 2 Milliarden Euro gelegen haben, der Löwenanteil davon wurde über Schiffsfonds akquiriert.

Das bis heute tätige Emissionshaus **Dr. Peters** von der Unternehmensgruppe Dr. Peters Holding GmbH emittierte bis heute 76 Schiffsfonds (den größten Posten im Fondsportfolio) mit einem Gesamtinvestitionsvolumen von 4,4 Milliarden Euro und einem Eigenkapital von 2,2 Milliarden Euro.

CFB (Commerz Real Fonds) ist das Emissionshaus der Commerzbank für geschlossene Fonds.AG. Es platzierte bis Ende 2007 über alle Fondsklassen hinweg Anlegerkapital von 4,6 Milliarden Euro und schob damit Gesamtinvestitionen von 11,6 Milliarden Euro an.

Weitere bekannte Größen im Fondsgeschäft allgemein und auch in der Schifffahrt waren beziehungsweise sind das Fondshaus Hamburg, GHF, Gebab, Hanseatic Lloyd, KGAL, König & Cie (die in der oben beschriebenen Ernst Russ AG aufgegangen ist) sowie die Oltmann Gruppe und Ownership.

In der Krise mussten nicht nur die Anleger bluten, sondern auch die Fondshäuser. Dies aber nicht, weil die jeweiligen Investitionen untergegangen waren. Die Emissionshäuser waren schließlich nicht maßgeblich an den Fonds beteiligt. Sie waren im Wesentlichen nur Dienstleister, und dafür können sie ihren Arbeitsaufwand so lange geltend machen, wie noch Geld da war, teilweise über Jahre hinweg und bis heute. Wenn es Emissionshäuser heute nicht mehr gibt, dann wegen des ab Herbst 2008 schlagartig eingebrochenen Neugeschäftes, das wiederum notwendig war, um den Großteil der Mitarbeiter weiter zu beschäftigen und für viele weitere finanzielle Verpflichtungen. Diese resultierten vor allem aus mehr oder weniger formal abgegebenen Platzierungsgarantien, die sich auf erst noch zu gründende Fondsgesellschaften bezogen, für die bereits mannigfach Schiffbauten bestellt worden waren. Dass die Emissionshäuser reihenweise verschwanden liegt aber nicht am Niedergang der von diesen Häusern aufgelegten Schiffsfonds selbst.

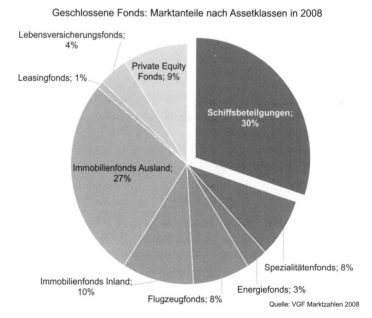

Abbildung 4: Marktanteile geschlossener Fonds im Jahr 2008

Banken als Kreditgeber

Die dritte Gruppe im Bunde waren die Banken. Sie waren nötig für das Fremdkapital, das, wie erwähnt, durchaus 80 Prozent betragen konnte. Wie bei den anderen Akteuren hat sich durch das jahrzehntelang laufende Geschäft mit Schiffsfonds und wegen der großen Schifffahrtstradition in Hamburg besonders dort eine hochspezialisierte Bankenlandschaft entwickelt. Mit Abstand folgten Bremen und die klassischen Bankenstandorte, allen voran Frankfurt am Main, bis hin nach Bayern. Deutschland war damit einer der führenden Finanzplätze für die internationale Schiffsfinanzierung, auch jenseits von Schiffsfonds. Zu den Hochzeiten gab es weltweit 40 bis 50 spezialisierte Kreditinstitute[38], 45 Prozent davon waren deutsche Banken[39] und sie stellten auch einen ähnlich hohen Anteil am internationalen Kreditvolumen in der Schiffsfinanzierung bereit.[40] Den Anteil der Schiffskredite am Darlehensbestand zeigt Abbildung 5 (auf der folgenden Seite).

Mit diesem extrem starken Engagement gingen sie ordentlich in die Binsen und produzierten – weil sie in starkem Maße Bundesländern, dem Bund oder Volksbanken gehör(t)en – enorme direkte und indirekte Kosten für den deutschen Steuerzahler.

Kredite für Schiffsinvestitionen lauteten, wie erwähnt, überwiegend auf US-Dollar. 2010 etwa hatte die amerikanische Währung einen Anteil von 74 Prozent bei den Schiffskrediten deutscher Banken. Kaufmännisch ist nur dies letztlich sinnvoll, da sowohl die Werften ihre Schiffbauten in US-Dollar (USD) abrechnen wie auch die Charter für ein Schiff in aller Regel in der Weltleitwährung gezahlt wird – überwiegend wurde also immerhin währungskongruent und nicht umfassend währungsspekulativ geplant. Der Euro lag bei 18 Prozent, der japanische Niedrigzins-Yen bei sechs Prozent.

Die Welthandelsflotte generell wurde 2008, also unmittelbar vor der Krise, zu 50 Prozent über Kredite finanziert und zu 15 Prozent über Aktienmärkte. Schiffsfonds hielten einen Weltmarktanteil von zehn Prozent und Private Equity 25 Prozent.[41]

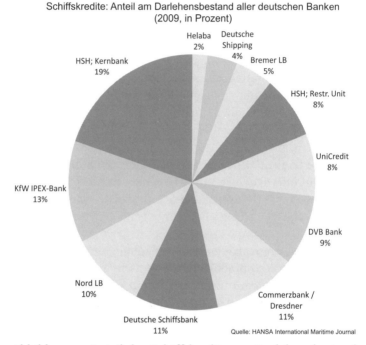

Abbildung 5: Anteil der Schiffskredite am Darlehensbestand aller deutschen Banken

Wegen der hohen Investitionssumme für ein Schiff, beispielsweise von 100 Millionen Dollar für einen Tanker, schlossen sich häufig mehrere Geldhäuser zu einem Bankenkonsortium für den jeweiligen Kredit zusammen, um das Ausfallrisiko zu verteilen. Bei Problemen allerdings hatte aus Sicht der Schuldner die Existenz eines Bankenkonsortiums einen Nachteil. Denn bei grundlegenden Entscheidungen müssen sich alle Banken einig sein, was die Handlungsfähigkeit einschränken konnte.[42]

Banken machten übrigens ihr Geld bei Weitem nicht nur mit den Schiffskrediten. Sie finanzierten nahezu alle Aspekte im Lebenszyklus eines Schiffes, inklusive vieler Zusatzgeschäfte. Dazu gehörten geradezu typischerweise auch Finanzprodukte zur Absicherung von Währungs- und Zinsschwankungen, die ihnen ihrerseits hohe Zusatzerträge einbrachten. Die Geldhäuser bestellten teilweise sogar die Schiffe, finanzierten den Bau über allein dafür genutzte Zweckgesellschaften und dann auch den Käufer nach einer sofortigen Weiterveräußerung. Die Banken standen so in einem großen Interessenkonflikt, oder besser gesagt: Ihre Interessen lagen eindeutig auf Seiten der Initiatoren. Banken hatten ein erhebliches Mitspracherecht beim Management eines Schiffsfonds, das weit über ihre normale Funktion als Fremdkapitalgeber hinausging – ein zentraler Kritikpunkt dieses Buchs.

Nicht, dass es falsch verstanden wird: Selbstredend dürfen und sollen Banken kaufmännisch denken und ihr eigenes Geschäft machen. Es sollte jedoch entsprechend offen und transparent ablaufen und es sollten die auch vom Gesetzgeber vorgesehenen »Spielregeln« beachtet werden. Vielfach heißt es: Natürlich sichert sich eine Bank bei einem finanzierten Objekt ab. Natürlich wird sie bei Zahlungsschwierigkeiten des Kreditnehmers zusehen, sich möglichst weitgehend aus allen in Frage stehenden Vermögenswerten des Kreditnehmers zu befriedigen. Das ist völlig richtig, banal und selbstverständlich.

Es stellt sich jedoch die Frage, ob dies gelten kann, wenn eine Bank tatsächlich im Grunde ihren Kreditkunden selbst gründet und teilweise für ihre Zwecke dort Anlegerkapital einsammeln lässt, das dann die »unternehmerischen Risiken«

tragen soll. Ich komme auf diese Aspekte später im Buch noch genauer zu sprechen.

Dabei sei allerdings ein Aspekt gleich an dieser Stelle genauer beleuchtet – gewissermaßen als Exkurs: Die Ertragsmöglichkeiten der Bank allein aus der Spanne zwischen Zinszahlung auf das Darlehen gegenüber der eigenen Refinanzierung. Dieses Kernbankgeschäft verstehen viele – auch deutsche Richter – nicht, weil sie es nie gelernt haben. Und weil Banken sich beispielsweise in gerichtlichen Verfahren alle Mühe geben, dies zu verschleiern.

Eine Bank erwirtschaftet ihren Gewinn aus der Spanne zwischen eigener Refinanzierung (woher kommt das Geld, das sie in Form von Darlehen ausgibt?) und dem vom Darlehensnehmer an sie gezahlten Zins. Schiffskredite wurden sehr oft als solche mit variabler Verzinsung auf US-Dollar-Libor-Basis vergeben. Dies bedeutet, dass die von der Schiffsgesellschaft zu zahlende Verzinsung sich zusammensetzt aus dem US-Dollar-Libor-Satz zuzüglich einer Zinsmarge. Die Zinsmarge stellt den Gewinn der Bank dar und bestimmt sich nach verschiedenen Parametern, vor allem der Bonität des Darlehensnehmers mit allen einwirkenden Faktoren. Eine Zinsmarge von 1,2 bis etwa 2,0 Prozentpunkten pro Jahr stellte in etwa die übliche Spanne zu der Zeit dar, als solche Fonds konstruiert wurden. Dies wiederum bedeutet, dass die Bank auf das gesamte Darlehenskapital am Anfang einen Ertrag für sich in Höhe dieses Prozentsatzes verbuchen konnte (ich lasse alle weiteren Erträge außer Betracht).

Die Bank berechnet jedoch ihre Rendite nicht etwa in Bezug auf das vergebene Gesamtkreditkapital, sondern auf ihr dabei eingesetztes Eigenkapital. Es stellt sich also die Frage, wie viel Eigenkapital die Bank für Schiffskredite einsetzen oder auch »vorhalten« musste. Hier spielen massiv aufsichtsrechtliche

Rahmenbedingungen hinein, seinerzeit unter dem Stichwort »Basel II« vielfach Gegenstand in den Medien – und auch aktuell wieder ein Thema.

Die folgende, selbst erstellte Tabelle 1 basiert auf Vortragsdaten eines seinerzeit Verantwortlichen für den Bereich Schiffskredite bei einer der größten deutschen Schiffsfinanziererinnen auf dem Hansa-Forum 2009 in Hamburg:

	Oktober 2006	Juni 2008	April 2009	August 2009	Juni 2010
Schiffswert in USD	80,5 Mio.	90,0 Mio.	50,0 Mio.	56,5 Mio.	?
Charter (Markt)	39 000	39 000	30 225	7 300	Auflieger
Wechselkurs	1 Dollar = 0,7852 €	1 Dollar = 0,63342 €	1 Dollar = 0,7682 €	1 Dollar = 0,69720 €	1 Dollar = 0,8142 €
Eigenkapitalbindung Bank EUR	481 000	1 160 000	5 400 000	7 600 000	12 600 000
Eigenkapitalbindung Bank USD	612 000	1 831 000	7 030 000	10 904 000	15 475 000
Ertragshebel bei Darlehen 62 Mio. USD	101	34	9	6	4

Tabelle 1: Hebel, der sich für die Bank aus dem Einsatz von Fremdkapital ergibt

Man erkennt, dass im Oktober 2006 für einen Container-Schiffskredit über 62 Millionen US-Dollar ein Eigenkapital der Bank von gerade einmal 481.000 EUR erforderlich war. Berücksichtigt man den damaligen mittleren Euro/Dollar-Wechselkurs, ergibt sich ein Eigenkapitalbedarf von rund 612.000 US-Dollar. Die Bank konnte also mit anderen Worten ihr eigenes Kapital verhundertfachen und als Kredit vergeben – die Zinsmarge von beispielsweise 1,5 Prozent jährlich wurde auf die volle Kredithöhe gerechnet und war ihr Ertrag.

Nochmals anders ausgedrückt: In einem solchen Beispiel hat die Bank eine Eigenkapitalrendite von rund 150 Prozent erzielt – von Jahr zu Jahr, fest kalkulierbar.

Der Leser versteht, wie überaus attraktiv dieses Geschäft für Banken war. Und der Leser erkennt anhand der Vergleichszahlen bereits im Juni 2008, dass offensichtlich die Marktlage zu dem Zeitpunkt bereits weitaus »riskanter« war und von Banken so auch zugrunde gelegt werden musste – und schließlich die Eigenkapitalanforderungen nach aufsichtsrechtlichen Vorschriften für die Banken dann im weiteren Krisenverlauf bis 2010 immer stärker stiegen.

In Abbildung 5 biete ich einen Überblick über die schiffsfinanzierenden deutschen Banken – daraus ersichtlich werden die damit verbundenen massiven Probleme, die durch die Krise entstanden. In ihrer Folge gibt es viele dieser Banken heute nicht mehr, zumindest nicht in ihrer damaligen Form. Es gab Fusionen, (Not-)Verkäufe, Wertberichtigungen und drastische Rettungsaktionen durch die öffentliche Hand. Milliardensummen aus der Schiffsfinanzierung landeten in sogenannten Bad Banks. Einige der Institute haben ihre Schiffssparten deutlich geschrumpft oder ganz aufgegeben.

HSH Nordbank AG

Der einst größte Schiffsfinanzierer der Welt stellt ein Skandalkapitel für sich dar. Denn das Geldhaus ist auch wegen anderer Verfehlungen außerhalb der Schifffahrt ins Gerede gekommen. Die Bank, die sich die Bundesländer Hamburg und Schleswig-Holstein im Wesentlichen teilten und nach wie vor teilen, hatte 2009, also ein Jahr nach Ausbruch der Krise, Darlehensbestände aus der Schiffsfinanzierung in Höhe von **28 Milliarden Euro**[43]. Bezogen auf die gesamte Bilanzsumme von 174 Milliarden Euro, betrug dieser Anteil zwar nur **zwölf Prozent**. Trotzdem war das hohe Engagement bei der Schiffsfinanzierung einer der Sargnägel der Staatsbank. Sie musste sich bereits 2009 neu organisieren und trennte sich in eine Kernbank und eine als Restructuring Unit bezeichnete Abbaubank, also eine Bad Bank. Dort wurden das nicht-strategische Geschäft und spezielle Risikopositionen zusammengeführt, quasi die problematischen Altlasten, die aus damaliger Sicht nur schwer verwertet werden konnten.

In den darauffolgenden Jahren fuhr die Kernbank ihr Schiffsengagement weiter stark zurück, ein Großteil der Altkredite landete schließlich bei der Abbaubank. Heute halten die beiden Bundesländer noch 94,9 Prozent an der Skandalbank, die den Steuerzahler viel Geld gekostet hat und weiterhin kosten wird. Sie soll derzeit (Stand Dezember 2017) verkauft werden, wobei nach aktuellen Medienberichten letztlich wohl nur Finanzinvestoren, die einmal unter der Bezeichnung »Heuschrecken« bekannt wurden, als Kaufinteressenten auftreten.

Deutsche Schiffsbank AG /
Commerzbank AG / Dresdner Bank AG

Die Deutsche Schiffsbank AG[44] und die Commerzbank AG waren früher zwei verschiedene Institute, heute gehören sie vollständig zusammen. Zudem wurde im Jahr 2009 die Dresdner Bank AG von der Commerzbank AG übernommen, so dass gleich drei in der Schiffsfinanzierung tätige Geldhäuser zu einem Institut verschmolzen. Heute existiert nur noch die Commerzbank AG, die anderen beiden Organisationen sind erloschen beziehungsweise voll eingegliedert.

Wie der Name bereits nahelegt, hatte sich die Deutsche Schiffsbank AG auf die Schiffsfinanzierung spezialisiert: Sage und schreibe **71 Prozent** der Bilanzsumme entfielen 2009 nur auf Schiffskredite, und zwar **11,6 Milliarden Euro**. Isoliert betrachtet lag sie damit auf Platz drei der deutschen Schiffsfinanzierer, die Unternehmensgruppe um die Commerzbank AG (**11,3 Milliarden Euro** Schiffskredite, **ein Prozent** an der Bilanzsumme)[45] wäre damals sogar auf den zweiten Rang gekommen.

Auch die Commerzbank AG reduzierte diesen Posten über die Jahre und verschob ihn permanent. 2012 beschloss der Vorstand den Rückzug aus diesem Geschäftsfeld. Anfang 2017 lag das gesamte Schifffahrtsportfolio nur noch bei 3,9 Milliarden Euro und soll bis spätestens 2020 auf Null gesenkt werden.[46]

KfW IPEX-Bank

Die KfW IPEX-Bank verantwortet als bundeseigene Bank die internationale Projekt- und Exportfinanzierung (IPEX). Sie wird entsprechend einer EU-Vorgabe als privatrechtlich organisiertes Kreditinstitut geführt. Dabei nimmt sie auch Refinanzierungsvorteile in Anspruch, da der Bund die Haftung übernimmt.[47] Auch die Staatsbank hat sich deutlich bei der Finanzierung geschlossener Schiffsfonds engagiert.

Das Segment Schifffahrt erzielte 2009 mit einem Gesamtkreditvolumen von **14,2 Milliarden** Euro einen ebenfalls sehr hohen Anteil von **29 Prozent** an der Bilanzsumme. Das Institut lag mit diesem Darlehensbestand auf Platz zwei unter den deutschen Banken. Anders als viele damalige Wettbewerber ist die Staatsbank heute noch stark auf diesem Gebiet unterwegs. Der Geschäftsbereich »Maritime Industries« hielt Ende 2016 ein Kreditvolumen von 16,2 Milliarden Euro, das war zu diesem Zeitpunkt Platz drei hinter der HSH Nordbank AG und der NordLB.

Bremer Landesbank / Nord LB

Die Bremer Landesbank engagierte sich unter den Landesbanken prozentual am meisten für Schiffe, mehr noch als die HSH Nordbank AG. Die Summe von 5,5 **Milliarden Euro** an Darlehen im Jahr 2009 würde zwar nur für das Mittelfeld reichen, der Anteil an der Bilanzsumme betrug aber beachtliche **16 Prozent**. Auch sie kam in massive finanzielle Schwierigkeiten, sie ist allerdings die einzige Bank, die wegen nicht mehr bedienter Schiffskredite ins Schlingern geraten ist. Deswegen musste die Bremer Landesbank, die 2016 erst einen neuen Hauptsitz bezog und sich ein frisches Unternehmenslogo gab, im selben Jahr drastische Wertberichtigungen vornehmen. So entstanden ihr Verluste von geschätzten 400 Millionen Euro.[48] Die Nord LB, die vorher bereits 55 Prozent der Anteile besessen hatte, übernahm die Rettung. Im August 2017 fusionierten die beiden Institute vollständig, heute ist die Bremer Landesbank als rechtlich eigenständige Organisation verschwunden.

Schiffsfinanzierung ist allerdings auch für die Nord LB – zu 59 Prozent im Besitz von Niedersachsen, 31 Prozent halten zwei Sparkassenverbände – nichts Unbekanntes. 2009 saß sie auf einem Kreditvolumen von **10,8 Milliarden Euro** (als Gruppe hätten beide Banken den dritten Platz eingenommen), was immerhin einen Anteil von **sieben Prozent** an der Bilanzsumme darstellte. In der letzten Bilanz der Nord LB verbuchte das Segment Schifffahrt allein einen Verlust von 2,7 Milliarden Euro, denen gerade einmal 900 Millionen Euro an Gewinnen aus anderen Bereichen gegenüberstanden. Das gemeinsame Portfolio von Bremer Landesbank und

Nord LB hatte Ende 2016 noch eine Höhe von 16,8 Milliarden Euro für 1.363 Schiffe. Peu à peu wird aber auch dieser Darlehensbestand zurückgeführt.[49]

DVB Bank SE

Die heutige DVB Bank SE gehört zur DZ Bank AG (Volks- und Raiffeisenbanken). Wie die Deutsche Schiffsbank war und ist sie stark spezialisiert, generell auf das Transportwesen und besonders auf Schiffsfinanzierung. 2009 hatte sie dort einen Darlehensbestand von **9,1 Milliarden Euro**, was **53 Prozent** der Bilanzsumme ausmachte.

Hypo-Vereinsbank AG

Auch von Bayern aus wurden Schiffe finanziert. Relativ stark setzte sich die Hypo-Vereinsbank AG, heute eine 100-prozentige Tochter der italienischen UniCredit-Gruppe, für die Schiffsfinanzierung ein: Die bis 2009 ausgegebenen Kredite über **8,2 Milliarden Euro** standen für **zwei Prozent** der gesamten Bilanzsumme der Hypo-Vereinsbank AG.

Deutsche Bank AG

Die größte deutsche Bank[50] finanzierte ebenfalls im Milliardenumfang Schiffe. Allerdings war sie damit nur auf den hinteren Rängen zu finden und der Anteil an der Bilanzsumme lag bei **unter einem Prozent**. Ihre Sparte »Deutsche Shipping« hatte 2009 einen Darlehensbestand von **4,6 Milliarden Euro**.

Vertrieb

In manchen Emissionshäusern gab es eine Verkaufsmannschaft, man konnte die Fondsanteile durchaus direkt kaufen. Doch überwiegend waren die Vertriebe ausgelagert, an große Vertriebsfirmen und -netzwerke oder auch an Einzelkämpfer. Zudem übernahmen viele Banken den Verkauf, manchmal auch exklusiv. Teilweise wurden ganze Fonds nur für den Vertrieb durch eine Bank aufgelegt. Dabei achteten die Geldhäuser allerdings meist darauf – allein schon aus Haftungsgründen –, dass sie keine Fonds vertrieben, die sie auch finanziert hatten. 2008 wurden auf dem Gesamtmarkt für geschlossene Fonds 43 Prozent des Fondsvolumens über freie Vertriebe veräußert, 38 Prozent über Banken. Der Direktverkauf über die Emissionshäuser lag bei lediglich 5 Prozent.[51] Bei Schiffsfonds dürften die Anteile ähnlich ausgefallen sein.

Der Vertrieb ist zentral für die Vermittlung einer Anlage. Er sorgt schließlich erst dafür, dass ein Anleger seine Unterschrift unter die Zeichnungsurkunde setzt – und die Anlagesumme fließt. Ohne diesen Akt, der schließlich auch zu den milliardenschweren Enttäuschungen und Verlusten geführt hat, müsste ich dieses Buch nicht schreiben. Doch so gravierend die Resultate dieser erfolgreichen Vertriebsanstrengungen für einen Anleger auch sind: Verglichen mit Emissionshäusern, Banken und Reedern sehe ich weniger ernsthafte Kritikpunkte bei den Vertriebsprofis. Natürlich haben sie verkauft und dabei kräftig verdient und damit das Anlagekapital auch geschmälert. Doch waren sie an keiner Stelle für das Konstrukt der Anlage und die Performance des Schiffes verantwortlich. Vielmehr bekamen gerade sie später mächtig Ärger mit ihren vermögenden Stammkunden, als die Schiffsfonds untergingen. Oftmals waren sie selbst Anleger wie ihre eigenen Kunden – und verloren so gleich zweifach: das eigene Kapital mit ihren Beteiligungen und viele Kunden wegen deren Kapitalverlusten. Bezogen auf das Anliegen des Buches machten sie zwar in guten Marktphasen ordentlich Kasse, indem sie ihren Kunden getrieben durch Abschlussprovisionen Schiffsfonds besonders gerne aufschwatzten. Aber dass die Anlage nicht aufging, daran trifft sie direkt keine Schuld, so zweifelhaft manche Leser auch das Gebaren von Vertriebsprofis sehen mögen und so sehr oft selbsternannte »Anlegerschützer« ihre Haftung fordern. Meine Kollegen in der Kanzlei und ich sind seit vielen Jahren in diesem Geschäft tätig und wir kennen viele Facetten von Klagen in derlei Zusammenhängen. Wir wissen aber auch, wie diese oftmals vor Gericht ausgehen: Da wird der im Umgang mit Kapital- und Personengesellschaften versierte Unternehmer von Anlegerschützern in eine Klage gegen den Vertrieb einer Schiffsfondsbeteiligung manövriert, um dort als Grund zu nennen, er sei nicht über das »Totalverlustrisiko« aufgeklärt worden. Dies ist nur eines von vielen abstrusen Beispielen für zum Scheitern verurteilte Klagen auf oberflächlichstem Niveau. Ein guter Berater zeichnet sich in der Krise dadurch aus, dass er für seine Kunden nicht etwa nicht mehr erreichbar ist, sondern gerade aktiv Hilfestellung anbietet und Wege des Krisenmanagements aufzeigt. Er nimmt die »Unternehmerstellung« seines Kunden ernst und sucht Lösungsmöglichkeiten, die dieser Rolle entsprechen – und lässt sich nicht von dem Emissionshaus ein weiteres Mal zur Durchsetzung von fragwürdigen und vor allem einseitigen Sanierungskonzepten »vor den Karren spannen«. Auf solche Konzepte werde ich später genauer eingehen.

Letztendlich gipfelt die Verschiebung von Verantwortung dann darin, dass ein Emittent seine Anleger in offiziellen Gesellschafterberichten darauf »hinweist«, dass bei Beschwerden wegen der Verluste weniger er als Verantwortlicher zu kontaktieren sei, sondern vielmehr möglicherweise der jeweilige Berater Fehler begangen und nicht auf die Risiken hingewiesen habe. Schon dieser kleine Vorgang zeigt, an wie vielen Stellen ohne jede Scham die eigene Verantwortung der Initiatoren auf andere übertragen werden soll.

Werften

Die Werften waren schließlich ein weiteres zentrales Glied in der Kette, jedoch aus meiner Sicht kein Akteur, der wesentlich für das Drama der Schiffsfonds verantwortlich war.

Wie erwähnt befanden sich nahezu alle von den Schiffsfonds beauftragten Werften in Asien – besonders in Südkorea, China, Japan, aber auch in Vietnam – oder etwa in Polen. Containerschiffe als Träger des internationalen Warenaustauschs und der Globalisierung erlebten Anfang der 2000er-Jahre einen ungeahnten Boom. Einerseits nahm der weltweite Transport drastisch zu, vor allem durch den ungebrochenen Aufstieg Asiens als Produktionsstätte der Welt für Billigprodukte, Plastikwaren, Elektronik und Textilien, was immer mehr Containerschiffe erforderte. Andererseits bedeuteten steigender Wohlstand und das dortige Wirtschaftswachstum auch zunehmende Öltransporte in die neuen Boomregionen, wozu wiederum Tanker benötigt wurden.

Immer mehr Unternehmen wollten an der Schifffahrt verdienen, das Geld war da, auch durch die Schiffsfonds – also wurden immer weitere Schiffe in Auftrag gegeben. In der Folge waren die Werften ausgebucht, sie nahmen höhere Baupreise, und neue Schiffsfabriken entstanden auf der grünen Wiese, die sogenannten Green Field Yards. Teilweise wurden Schiffe in Auftrag gegeben, für die es noch nicht einmal eine Produktionsstätte gab. Es liegt auf der Hand, dass in den aus dem Boden gestampften Werften keine eingespielten Arbeitsprozesse existierten und dass es kaum oder gar kein erfahrenes Personal gab.

Durch diesen Boom bildeten sich enorme Transportkapazitäten. Das hätte sich auch ohne Krise gerächt. Beim Einbruch der Weltwirtschaft war dies aber der große Hebel, um die Investitionsobjekte vieler Schiffsfonds finanziell gesehen auf den Meeresboden zu schicken. Doch daran dachte in Zeiten vermeintlich ruhiger See – etwa Anfang 2005 – niemand.

Für einen Schiffsfonds, wie für jeden Auftraggeber, waren die Höhe der Baukosten, die termingerechte Ablieferung und die Qualität entscheidend. Die Fondsgesellschaft hatte natürlich ein starkes Interesse daran, dass das Schiff rechtzeitig und im beauftragten Zustand fertig würde. Sonst drohten Einnahmeverluste und Ärger mit dem Charterer. Aus diesem Grund wurde der Baufortschritt auf der Werft entsprechend überwacht. Auch diese Aufgabe übertrug die KG auf Dienstleister, oft auf den Vertragsreeder beziehungsweise ihm zugehörige Gesellschaften.

Dabei waren es, wie dargestellt, überwiegend die Reeder, die die Schiffe in Auftrag gaben – und an einen später aufgelegten Fonds mit großem Zwischengewinn verkauften. Diese Gelddruckmaschine werden wir im juristischen Teil wiedersehen.

Die Preise asiatischer, vor allem chinesischer, Werften waren und sind weit niedriger als jene deutscher Schiffsfabriken. Auch aus diesem Grunde ist der deutsche Anteil am weltweiten Schiffbau heute marginal und liegt bei unter einem Prozent – interessanterweise ähnlich gering wie die Tonnagesteuer, die zumindest für deutsche Industriearbeitsplätze nichts bewirkt hat. Deutsche Werften sind vor allem bei Kreuzfahrtschiffen stark, bei Spezialschiffen, und sie werden oft für Reparaturen benutzt.

Weitere Akteure

Weitere wichtige Beteiligte waren und sind **Treuhänder** beziehungsweise Treuhandgesellschaften. Sie waren beziehungsweise sind in der Regel Tochtergesellschaften der Emissionshäuser. Manchmal konnte man wählen, meist jedoch und später ausschließlich erfolgte die Anlage standardmäßig über einen fest vorgesehenen Treuhänder – der natürlich, der Leser wird es ahnen, Geld kostete. Formell waren die Treuhandgesellschaften die Kommunikationsschnittstelle zwischen Investoren und allen Beteiligten des Fonds sowie Dienstleister der Anleger. Doch es liegt auf der Hand, dass eine Tochter des Emissionshauses, noch dazu mit dem Personal, das oft beim Fondshaus angestellt ist, im Zweifelsfall kaum zugunsten der Anleger tätig ist. Interessenkonflikte, besonders in der Krise, waren auch hier an der Tagesordnung. Fachmann Jürgen Dobert meinte im zweiten Nachkrisenjahr 2010 dazu: »Anmerkung zum Thema Treuhandgesellschaften, die bekanntlich überwiegend Tochterfirmen der Emissionshäuser sind oder zu deren Einflussbereich gehören: Treuhandfirmen waren die ›Cashcows‹ der Emissionshäuser. Und sie sind heute in Zeiten der Platzierungsschwäche – trotz erheblichen höheren Arbeitsaufwands – mehr denn je eine echte Ertragsquelle. Nicht ohne Grund lassen sich Banken im Rahmen von Restrukturierungsprogrammen diese Erträge abtreten und wohl nicht zufällig ist die Eigenständigkeit, z. B. hinsichtlich Gewinnverwendung inzwischen durch Abführungsverträge weiter eingeschränkt worden.«[52] Gemeint waren hierbei die »Restrukturierungen« der Emissionshäuser selbst, die dank der bereits oben angedeuteten Platzierungsgarantien enorme Verbindlichkeiten gegenüber den schiffsfinanzierenden Banken hatten. Auf das Thema der Platzierungsgarantien werde ich noch genauer eingehen.

Ein Gremium innerhalb der Fondsgesellschaft war oder ist der **Beirat**. Dort saßen in der Regel drei Personen, meist Anteilseigner, was aber nicht zwingend war. Zugespitzt gesagt war es ein Forum, das die Vorentscheidungen der Fondsgeschäftsführung einfach abnickte, obwohl ein Beirat strenggenommen fast der Funktion eines Aufsichtsrats bei Aktiengesellschaften nahekommt. Da oft auch Vertriebsfirmen Anteile gezeichnet hatten, kamen sie über diesen Weg überdurchschnittlich oft an einen Beiratsposten – und damit auch zu Informationen aus erster Hand aus ihrem Netzwerk. Beiratsmitglieder erhielten eine Aufwandsentschädigung, die durchaus mehrere 1.000 Euro pro Jahr betragen konnte, wobei diese Summe sicherlich nicht das Motiv erklärt, Mitglied zu werden.

Andere wichtige Akteure waren Ratingagenturen, wie Scope/Fondscope, Branchenmedien, darunter auch reine, kostenpflichtige PR-Plattformen, Wirtschaftsprüfer und Steuerberater der Fondsgesellschaft.

Und schließlich ist als Aufsichtsbehörde noch die **BaFin** zu nennen, die *Bundesanstalt für Finanzdienstleistungsaufsicht*. Sie ist für die formale Kontrolle der Fondsprospekte verantwortlich. Auf die Behörde werden wir im dazu passenden Abschnitt *Der Prospekt* eingehen. Doch im nebenstehenden Kasten steht schon einmal eine Kurzbeschreibung des renommierten Finanzjournalisten Stefan Loipfinger, der kein gutes Haar an dieser Behörde lässt – hier am Beispiel von geschlossenen und offenen Immobilienfonds. Er und viele andere, vor allem Anlegerschützer, wünschten sich ein stärkeres Engagement.

»Keinen Finger am Puls« – Finanzjournalist Stefan Loipfinger übt massive Kritik an der BaFin

»Die BaFin «schöpft aus unerfindlichen Gründen längst nicht ihre Möglichkeiten aus. Das Siegel ›vorsätzlich‹ nicht gewollt verkneife ich mir. Dennoch ist die Untätigkeit der Behörde ein Riesenskandal! Bei den Emissionshäusern, die immer mehr von angestellten Geschäftsführern dominiert werden, ist es sogar noch nachvollziehbar, wenn nur kurzfristige Profitmaximierung betrieben wird. Die allzu üppigen Tantiemenregelungen animieren einfach dazu. Aber die BaFin ist eine Bundesanstalt. Sie untersteht der Rechts- und Fachaufsicht des Bundesministeriums der Finanzen, und sie soll einen vom Gesetzgeber übertragenen Anlegerschutzauftrag erfüllen. Zum Wohle des Finanzplatzes Deutschland übrigens. Wer dort arbeitet, teilweise im Beamtenstatus, und auf besser dotierte Positionen in der freien Wirtschaft verzichtet, der sollte doch wenigstens etwas bewirken wollen. Oder sehen wirklich so viele Mitarbeiter ihre Arbeit bei der BaFin nur als Sprungbrett für Jobs in der Wirtschaft? Das würde erklären, warum man in dieser »Übergangsphase« niemandem auf die Füße treten will – immerhin könnte es ja der nächste Arbeitgeber sein. Irgendwie alles einigermaßen nachvollziehbar, aber bei leitenden und altgedienten Mitarbeitern greift das Argument nicht. Ein zahnloser Tiger kann nichts dafür, wenn er nicht kernig zubeißen kann. Wenn er aber dann noch die Augen verschließt und deshalb quasi blind durch die Gegend läuft, ist das ein unnötiges, selbst auferlegtes Handicap. Jedes Beutetier wird erfolgreich entwischen. Will er überleben, muss er sozusagen zum Aasfresser werden. Wie bei der BaFin, die reglos umher kreist, regelmäßig zu spät kommt und dann mit flatternden Flügeln nach Schuldigen sucht, selbstverständlich stets außerhalb der eigenen Reihen. Auf das Warum konnte ich bis heute keine Antwort finden. Genau so wenig wie auf die Frage, warum sich die staatlichen Kontrolleure feige in ihren Palästen verschanzen. Auf Branchentreffs jedenfalls sind sie regelmäßig nicht anwesend. Aber wie soll ein Markt reguliert werden, wenn man den Finger nicht direkt am Puls hat? Die jährliche Gesamtmarktstudie der Beteiligungsmodelle, bis 2007 von mir herausgegeben und verkauft, und auch die Analyse der offenen Immobilienfonds wurde sage und schreibe kein einziges Mal von der BaFin bestellt. ... Ich hätte sogar gerne ein kostenloses Exemplar geliefert. ... Müssen die Damen und Herren Kontrolleure nicht wissen, was am Markt vorgeht?«[53]

Kapitel 4
Trügerischer Leuchtturm:
Der Fondsprospekt

Das Angebot und die Renditeversprechen

»211,9 % Ausschüttung« versprach der Prospekt der CFB-Fonds (Commerzbank) für den Fonds Nr. 166 »Twins 1« bei 20 Jahren Laufzeit. Bis auf eine Nachkommastelle wurde dem Anleger im Dezember 2007 aufgezeigt, wieviel er bis zum Jahr 2028 zurückerhalten würde. Was die Welt bis dahin im Finanzsektor, in der Wirtschaft und Politik und jenseits davon erleben und erschüttern könnte – egal. Ausgehend von 6,5 Prozent Ausschüttung im Jahr 2009 bis zu zwölf Prozent im Jahr der Endfälligkeit 2028 wussten die Fondsinitiatoren, was sie den Investoren jährlich auszahlen würden, inklusive genau 7,710 Millionen Dollar aus dem finalen Verkauf des Schiffes. Bis 2016 allerdings konnten statt 189 Prozent Ausschüttung nur 19,5 Prozent realisiert werden.[54] Ein Verlust von mindestens 80 Prozent des angelegten Eigenkapitals zeichnete sich damit ab.

Die Wirklichkeit sieht also rauer aus als die blinkenden Werbe-Renditezahlen, so schreibt auch Fondsjournalist Stefan Loipfinger: »Ich habe Schiffsbeteiligungen gesehen, die trotz einer optimistischen Prognose und unter Einsatz von zinsgünstigen, aber risikobehafteten Yen-Darlehen gerade auf eine Renditeprognose von fünf Prozent kamen. Da es sich bei Schiffsbeteiligungen um eine Dollarinvestition handelt, lag das optimistische Renditeversprechen damit nur unwesentlich über dem Kapitalmarkt für sichere Anleihen. Höchst bedenkliches Seemannslatein. Wer so etwas kauft, muss ein unverbesserlicher Optimist sein. Oder er hat im Prospekt keine Renditeangabe gefunden, weil der Initiator diese entlarvende Zahl natürlich nicht nennen wollte.«[55]

Je nach Laufzeit waren Prospektangaben von weit über 200 Prozent keine Seltenheit, sondern vielmehr der Standard. Denn nach dem Ende der Abschreibungsmodelle und ihrem endgültigen Auslaufen Mitte der 2000er-Jahre stand die Rendite im Mittelpunkt der Aufmerksamkeit. Das Anlageprodukt »Schiffsfonds« lag mit zahlreichen anderen Anlageformen im Wettbewerb um das Anlagekapital und musste dort passend platziert werden – passend in puncto Angemessenheit von Chance und Risiko. Doch die Rendite stand oft nur auf dem Papier und wurde als laufende Ausschüttung jahrelang schlicht aus dem eingezahlten Geld der Anleger genommen, das nur geparkt und als vermeintlicher Gewinn zurückgegeben wurde. Zielgenau wird der Begriff »Ausschüttung« genutzt, nicht der der »Verzinsung« oder »Rendite«. Ausschüttungen wurden regelmäßig schon für das erste oder zweite Jahr der Beteiligung versprochen – und später tatsächlich auch gezahlt. Allerdings waren dies eben – planerisch so vorgesehen – keine Gewinne. Finanztest nahm 2004 in seinem Artikel »Schwankende Schiffe« auch diese merkwürdige Praxis aufs Korn: »In Wahrheit handelt es sich bei den Ausschüttungen um vorgezogene steuerfreie Entnahmen. [...] Für die beteiligten Gesellschafter ist dies ebenso unsinnig wie nachteilig. Zum einen mindert das Verfahren die Rentabilität der Investition dauerhaft, zum anderen bezahlen sich die Anleger so ihre ersten Ausschüttungen quasi aus eigener Tasche.«[56]

Wie bei nahezu jeder Investition dauert es eine Weile, bis das eingesetzte Kapital Früchte trägt. Selbst Finanzakrobaten können ökonomische Gesetzmäßigkeiten nicht außer Kraft setzen. Sie konnten mit ihren Fondsprospekten allerdings die Kundschaft verzaubern. »Über echte Überschüsse können sich private Investoren bei Schiffen erst nach rund zwölf Jahren freuen«, wusste daher Finanztest zu berichten.[57]

Diese Praxis und teilweise auch Selbsttäuschung der Anleger hatten aber noch einen weiteren gravierenden Nachteil: Da die anfänglichen Ausschüttungen keine Gewinne waren, stellten sie Einlagerückzahlungen dar. Damit hafteten die Anleger, die ja KG-Kommanditisten waren, für genau diese Summe. Dem Gesellschaftsvermögen wurde schließlich eine Einlage entnommen.[58] Traten nun Gläubiger auf den Plan, im Grunde ausschließlich die Banken, die auf die Rückzahlung der Kredite an die Schiffsgesellschaft pochten, wurden die Anleger zur Zahlung herangezogen. Dabei kam es in der Krise zu bizarren Vorgängen: Anleger mussten einen Teil ihrer »Ausschüttungen« oder in vielen Fällen sogar alle »Ausschüttungen« seit Fondsauflage zurückzahlen, die ohnehin letztlich nur geparkt gewesen waren. Diesen Aspekt beschreibe ich später ausführlich. In Österreich wird diese Praxis der Ausschüttungszahlungen mittlerweile bisweilen als »Ausschüttungsschwindel« bezeichnet.

Wie die Argumentation gegenüber den ahnungslosen Anlegern in der Praxis ablief, illustrierte die Süddeutsche Zeitung (SZ) vor zwei Jahren unter dem Titel »Mit vollen Segeln in die Pleite«. Darin kam der ehemalige und offenbar geläuterte Vertriebsmann Uwe Dunsing zu Wort: »Wie viele seiner Kollegen köderte er die Kunden mit Charts wie jenem der Postbank. Vom ›schwimmenden Sparbuch‹ ist darin die Rede, mit acht Prozent Zinsen und ›zu 99 Prozent steuerfrei‹. Als könnte gar nichts schiefgehen. ›Im Grunde aber war das Geschäft von vornherein darauf angelegt, die Leute um ihr Geld zu bringen‹, sagt Dunsing heute.«[59]

Wo das viele Geld hinschwamm und dass die Vertriebsleiter mehr als ihre eigentliche Vermittlergebühr erhielten, schilderte Dunsing am Beispiel einer viertägigen Lustreise nach Amsterdam der SZ: »Übernachten in einem der teuersten Hotels der Stadt, Grachten-Rundfahrt mit Champagner, Dinner im ›Fifteen‹, dem hippen Restaurant des britischen Popstarkochs Jamie Oliver. Alles vom Feinsten, Geld spielte keine Rolle. Dunsing kostete der Kurzurlaub ohnehin keinen Cent. Schließlich hatte er eine Menge dafür getan. Der Trip war Belohnung und Motivation für die besten Vermittler.«[60]

Differenziert verurteilte Finanztest im Jahr 2004 die geschlossenen Schiffsfonds aber nicht in Bausch und Bogen: »Auch wenn derzeit auf den meisten Schifffahrtsmärkten viel Geld verdient wird und der Seetransport weltweit zunimmt, sollte kein Anleger sein gesamtes Geld in Schiffsbeteiligungen investieren. Denn die Schifffahrtsmärkte machen immer wieder rasante Berg-und-Tal-Fahrten durch ... Schiffsfonds taugen allenfalls als Beimischung im Portfolio. Wenn alles nach Plan liefe, wären steuerfreie Renditen zwischen 5 und 8 Prozent für den Anleger realistisch.«[61] Wegen des möglichen Totalausfalls, nicht zu reden von Nachzahlungspflichten, hielt die Zeitschrift Finanztest die Fondskonstruktion im Hinblick auf Kleinanleger für unseriös: »Für sie sind Schiffsfonds völlig ungeeignet. Schiffsfonds kommen also nur für spekulativ eingestellte, betuchte Anleger infrage ...«[62]

Mir sind solche Aussagen an und für sich etwas zu einfach und oberflächlich: Ein gut und im Interesse der Anleger aufgebauter Schiffsfonds kann auch für den Normalanleger eine geeignete Beimischung in seinem persönlichen Anlagemix sein. Es kommt aber darauf an, dass der Fonds nicht so strukturiert wird, dass allein der Anleger die ersten und größten Risiken trägt und mit seiner Kapitalanlage gewissermaßen »auf der Rasierklinge tanzt«. Die Fonds wurden als »Sachwertinvestments« beworben – tatsächlich hielt der Anleger aber eben nicht einen Anteil an dem Sachwert Schiff, sondern einen hochriskanten Anteil an einem Finanzkonstrukt, das den Banken den Sachwert Schiff zu jeder Zeit sicherte.

Aus Sicht der Fondszeichner erfüllten sich die Prognosen aus rein rechnerischen und auch schon aus begriffsmäßigen Gründen nicht. Finanztest nahm in seinem Fachartikel die gesamte Gewinnberechnung auseinander: »So kalkulieren manche Anbieter die Fondsergebnisse finanzmathematisch nach dem sogenannten internen Zinsfuß. Sie werben dann mit scheinbar attraktiven ›IRR-Renditen‹ von jährlich 7,5 bis 13 Prozent. Diese Angaben sind für Laien irreführend, da sie nicht mit den Renditen anderer Anlagen vergleichbar sind. Vielen Anlegern ist nicht klar, dass sich IRR-Renditen niemals auf die gesamte Einlage beziehen. Wer sich mit 25.000 Euro an einem Fonds beteiligt und dem der Prospekt eine IRR-Rendite von 9 Prozent in Aussicht stellt, erhält nicht etwa eine durchschnittliche Rendite von 9 Prozent pro Jahr auf seine 25.000 Euro. Vielmehr werden zunächst alle Steuerrückflüsse und Ausschüttungen abgezogen. Die IRR-Rendite bezeichnet nur die interne Verzinsung des jeweils noch gebundenen Kapitals.«[63]

Der interne Zinsfuß war übrigens das Einfallstor für den selbsternannten, in Wahrheit aber berüchtigten und halbseidenen »Anlegerschützer« Heinz Gerlach. Der 2010 verstorbene und für seine Geschäftspraktiken rechtskräftig verurteilte Publizist, auch bekannt geworden durch den *Gerlach-Report*, betrieb die Kritik des IRR als Obsession und Ansatzpunkt für seine rechtswidrige Vertriebspolitik: Fand er den internen Zinsfuß in den Marketingtexten und Prospekten, bombardierte er den Fondsanbieter in seinem »direkten Anlegerschutz«, verbunden mit entsprechenden Negativrankings – außer, man beauftragte ihn lukrativ als Gutachter.

Um überhaupt eine Rendite zu erwirtschaften, musste das Schiff fahren. Hierfür wurde es an Charterer vermietet, in der Regel auf Jahre und zu vorher festgelegten, durchaus steigenden Charterraten. Wir werden später im »Krisenabschnitt« sehen, wie diese Charterraten ab 2008 plötzlich ein- und oft auch komplett wegbrachen.

Die zweite Einnahmequelle war der Verkauf des Schiffes am Ende der Laufzeit, wobei dieser Zeitpunkt, wie erwähnt, durchaus flexibel gehandhabt werden konnte. Ließ sich das Schiff nicht verkaufen, was in den Schönwetterzeiten allerdings kaum vorkam, brachte das Schiff immerhin noch einen durchschnittlichen Schrottwert von zehn Prozent auf die Waage, was die Fondsinitiatoren ebenfalls einkalkulierten.

Der Schiffspreis geteilt durch die Jahrescharter erlaubte – ähnlich dem Kurs-Gewinn-Verhältnis bei Aktien oder dem Kaufpreisfaktor beim Kauf von Mietwohnungen – einen weiteren Orientierungspunkt, ob sich die Investition lohnte, wie Voigtmann beschreibt: »Tanker kosten das Fünf- bis Sechsfache der Jahrescharter, im Jahr 2006 trieb hohe Nachfrage den Kaufpreisfaktor auf das Achtfache der zehnjährigen Durchschnittscharter. Beim Faktor 6 rechnet sich erfahrungsgemäß jedes Schiff, dies entspricht einer Charterrendite von 17 Prozent.«[64]

Ganz grundsätzlich gilt für Kapitalanlagen jedweder Art: Die Renditeaussicht muss in angemessenem Verhältnis zum verbundenen Risiko und dem allgemeinen Marktzinsniveau stehen. Renditen von beispielsweise 8 Prozent pro Jahr sind heute zu Zeiten von Negativzinsen ganz anders zu betrachten als in Zeiten einer Durchschnittsrendite von beispielsweise

4 Prozent jährlich für festverzinsliche Wertpapiere erstklassiger Schuldner. Die Umlaufrenditen inländischer Inhaberschuldverschreibungen / Anleihen der öffentlichen Hand – also gewissermaßen nahezu »bombensichere« Kapitalanlagen – lagen etwa im Jahr 1990 bei rund 8 Prozent jährlich. Im Jahr 2000 sanken sie auf etwas über 5 Prozent pro Jahr und gingen schließlich im hier vor allem interessierenden Zeitraum um 2005 bis 2007 nochmals etwas auf den Bereich von 3,5 bis 4,5 Prozent jährlich zurück.[65]

Es würde insofern nicht verwundern, wenn ein Schiffsfonds beispielsweise im Jahr 2007 bei einem Marktzins von rund 4 Prozent pro Jahr angesichts der – je nach finanzieller Strukturierung des Fonds – sehr hohen Risiken gewaltige Renditeaussichten versprochen hätte. Vor solchen Anlagen warnen ja seit Jahren allerdings alle »Anlegerschützer« mitsamt Verbraucherverbänden und ähnlichen Organisationen. Betrachtet man hingegen obiges Beispiel des CFB-Fonds Nr. 166 mit rund 212 Prozent Gesamtausschüttungsprognose bei rund 20 Jahren Laufzeit, errechnet sich bei jährlicher Zinsauszahlung eine jährliche Rendite von gerade einmal 5,6 Prozent jährlich. Bei Zinsansammlung reduziert sich der Zinssatz sogar auf etwa 3,8 Prozent im Jahr.

Die Renditeaussicht war also nicht etwa »unseriös« hoch angesetzt worden. Der Anlageinteressent sollte vielmehr eben genau an das Versprechen »Sachwertinvestition« glauben – und damit auch eine gewisse Sicherheit vermuten.

Bei diesen Schiffsfonds war das Kapital der Anleger aber durch die Provisionen und »weichen Kosten« der Initiatoren bereits um mindestens ein Viertel geschrumpft, bevor es überhaupt eingesetzt werden konnte. Die Renditeberechnungen und -erwartungen der Anleger fußten allerdings auf dem vollen Investitionsvolumen. Die Schwierigkeiten, mit nur 75

Prozent Kapital eine Rendite einzuspielen und auszuschütten, die man für 100 Prozent des Kapitaleinsatzes versprochen hatte, liegen also auf der Hand. Vertriebsmann Dunsing meinte dazu in der SZ: »Ich habe selbst lange an Schiffsfonds geglaubt« sagt er. Bis immer mehr Kunden ihm Vorwürfe machten. Zu spät habe er erkannt, »dass wir es nicht mit handwerklichen Fehlern zu tun haben, sondern einem System, das die Kunden nicht durchschauen konnten.[66]

Der Prospekt

Der Fondsprospekt ist mehr als ein Marketinginstrument und Druckerzeugnis. Er bildet die offizielle und verbindliche Inhaltsbeschreibung des Anlageproduktes durch das Emissionshaus und ist das Medium, mit dem sich der Anleger über die gesamte Anlage, über deren Hintergründe, über Risiken, über die Beteiligten und vor allem auch über die Renditeaussicht informiert. Mit dem Prospekt macht/e sich der Anleger ein Bild von dem Fonds, von den wichtigsten Akteuren und Dienstleistern und trifft auf dieser Basis seine Vermögensentscheidung. Bei späteren juristischen Auseinandersetzungen steht der Prospekt daher auch im Mittelpunkt. Deshalb ist es entscheidend, was genau im Prospekt drin steht – wobei es später vor Gericht gerade oft darum geht, was fehlte.

Dabei müssen im Prospekt alle wesentlichen Angaben enthalten sein, die den Anleger über das Projekt aufklären – und diese Informationen müssen natürlich stimmen. Vivian Fuchs (»Die Finanzierung eingetragener Seeschiffe durch geschlossene Schiffsfonds unter besonderer Berücksichtigung der gesellschaftsrechtlichen Strukturierung«) sagt hierzu: »Fehlerfrei müssen nicht bloß die einzelnen Angaben sein, sondern der gesamte Verkaufsprospekt muss in seinem Gesamteindruck die Finanz-, Vermögens- und Liquiditätslage der Fondsgesellschaft zutreffend wiedergeben.«[67] Kommt es später zu einem Streit, ergibt sich aus Sicht eines Anlegers vor allem aus dem Prospekt die Haftung der Verantwortlichen. Aus diesem Grund gelten auch besondere Vorschriften für die Veröffentlichung eines Prospekts und für dessen Inhalte.

Das Emissionshaus muss den Prospekt übrigens bei der BaFin einreichen und auf ihre Genehmigung warten. Dabei kontrolliert die BaFin den Prospekt jedoch nur formell, vor allem auf Vollständigkeit; eben, ob alle vorgeschriebenen Punkte enthalten sind. Zu der Anlage selbst, zu ihren Aussichten und Erfolgschancen, den einzelnen Chancen- und Risikodarstellungen trifft die BaFin ebenso wenig eine Entscheidung, wie über die »Richtigkeit« und/oder Vollständigkeit eines solchen Prospektes – so dass in jüngeren Prospekten solch ein Passus prominent veröffentlicht werden muss. Kritiker meinen, die BaFin müsste genau diese Kalkulation der Fonds unter die Lupe nehmen – vor allem vor dem Hintergrund der Fondspleiten. Die BaFin könnte allerdings »eine solche Aufgabe mangels detaillierten Fachwissens über die jeweilige Vermögensanlage kaum bewältigen«, so sieht Vivian Fuchs die Arbeitsfähigkeit der Behörde ebenso kritisch[68] wie Finanzjournalist Loipfinger. In unserer täglichen anwaltlichen Praxis in der Kanzlei recherchieren und prüfen wir beispielsweise die Übereinstimmung geschlossener Verträge mit den Prospektangaben, stellen diesen die tatsächlich recherchierten Abläufe gegenüber und so weiter – derart aufwändige und zeitintensive Tätigkeiten würden die BaFin aus meiner Sicht komplett überfordern. Würden jedoch solche Recherchen und Prüfungen nicht vorgenommen und derlei Produkte gleichwohl ein »Qualitätssiegel« der BaFin erhalten, hätten die Anlageinteressenten rein gar nichts durch ein solches Siegel gewonnen – es würde sich gegebenenfalls sogar eher kontraproduktiv auswirken.

Die gesetzlichen Vorgaben zur Prospekterstellung – so minutiös sie auch sein mögen – sind nur Mindestangaben. Jedes Emissionshaus sollte allein schon aus Haftungsgründen darauf aus sein, den Fondsprospekt umfassend und vollständig mit Informationen auszustatten. Dass dies bisweilen nicht passiert ist und vielmehr gerade die Basis für Prozesse bietet, zeigt, wie sehr die Anleger streckenweise nicht offen über Hintergründe, eminente Interessenkonflikte der Initiatoren und Ähnliches informiert wurden.

Alles in allem muss sich also ein Anleger mit dem Prospekt ein zutreffendes Bild über die Investition sowie über die rechtlichen und kalkulatorischen Hintergründe machen, aber auch über das Emissionshaus und seine Leistungsbilanz. Im Kern gehören dazu vor allem die Wirtschaftlichkeitsberechnung des Vorhabens, die geplanten Ausschüttungen, die Darstellung der Risiken und des Marktes. Ausschüttungen und die Rendite insgesamt sind dabei natürlich nur Prognosen und müssen auch als solche gekennzeichnet werden. Gerade sie erwiesen sich schließlich meist als unrealistisch. Sie müssen jedoch auf nachvollziehbaren, korrekten und vertretbaren Grundlagen fußen – was einer juristischen Überprüfung durchaus zugänglich ist.

Einer der wichtigsten Faktoren für die Bemessung der Risiken ist dabei das Maß der Interessenkonflikte auf Seiten der Anbieter. Je vielfältiger solche Vorlagen, desto höher das Risiko und die Wahrscheinlichkeit, dass Entscheidungen gegen die Interessen der Schiffsgesellschaft – und damit des Anlegers gefällt werden. Gerade dann, wenn der Markt nicht wie geplant positiv verläuft, spielen solche Aspekte eine enorme Rolle. In besonderem Maße zeigen sich derlei Interessenkonflikte in der gesamten Struktur der Finanzierungsgestaltung des Schiffserwerbs zwischen Reeder, Emissionshaus und Bank. Hier spielte und spielt die wichtigste

Rolle für den gesamten Fonds. Es geht dabei also oftmals um Vorgänge aus der Zeit, bevor die ersten Anleger der Gesellschaft überhaupt beitraten.

Risiken

Wie jedes Investment sind Schiffsfonds ein unternehmerisches Wagnis (was nicht allen Anlegern bewusst war). Dazu gehören »normale« wirtschaftliche Risiken, wie sie jeden Betrieb treffen können, und spezifische Gefahren, die der Schifffahrt innewohnen. Die Mehrzahl der Risiken hat allerdings nur sinnbildlich mit Klippen, Unwettern und Schiffskollisionen zu tun, sondern ist rein finanzieller und ökonomischer Natur. Wie oben bereits erwähnt, resultieren die letztlich größten Risiken aus der gesamten Finanzierungs- und damit zusammenhängend Schiffserwerbsstruktur – was eben von den Initiatoren so beeinflusst ist.

Ein Abschnitt über die Risiken war und ist daher das A und O für einen Prospekt. Rechtliche, wirtschaftliche und andere Risiken der Anlage müssen in einem eigenen Kapitel des Prospekts ausführlich behandelt werden. Dazu gehören vor allem Informationen darüber, dass es eine unternehmerische Investition ist, die mit einem wirtschaftlichen Risiko verbunden ist, dass die Initiatoren die prognostizierten Ergebnisse nicht garantieren können und dass es zu einem Totalverlust kommen kann. Daneben muss auch auf eine etwaige Nachschusspflicht des Anlegers hingewiesen werden. Die detaillierte Risikoliste hat eine ansehnliche Länge und wurde in Schönwetterperioden eher als Pflichtteil in den Fondsprospekten angesehen. In diesen Risikodarstellungen sind typischerweise eher vom Einzelfall unabhängige »klassische« Risiken aufgeführt, die sich in ähnlicher Form in nahezu allen Verkaufsprospekten wiederfinden. In aller Regel liegen jedoch gerade in den spezifischen Vorgängen des konkreten Schiffes bestimmte Risiken vor, die dann gerade nicht in der nötigen Form Eingang in die Prospektierung gefunden haben. Besonders vor dem Hintergrund von einstelligen Renditen ist dies brisant.

Herstellungs- und Ablieferungsrisiko

Beim Bau, etwa von Containerschiffen, sind fünf Ratenzahlungen entsprechend dem Baufortschritt ähnlich wie bei Immobilien üblich. Wird das Schiff nicht, nicht pünktlich oder nur fehlerhaft abgeliefert, kann es zu einem kostenpflichtigen Rechtsstreit beziehungsweise Arbitrageverfahren (einem Schlichtungsverfahren) kommen, noch dazu in einem fernen Land. Daneben besteht die Gefahr, dass der Fonds rückabgewickelt werden muss. Dann könnten Anleger durchaus auf den Fondsnebenkosten sitzen bleiben – wogegen es aber auch wieder Versicherungen gibt. [69] Kern des Risikos ist, dass bereits mehrere Raten an die Werft »vorgestreckt« worden sind – theoretisch das Geld der Anleger. Doch faktisch haben wir gesehen, ist es regelmäßig die Bank, die in Vorleistung geht, weil es Teil ihres Geschäftsmodells ist. Paradoxerweise war also in der Realität gerade dieses Risiko gar keines, weil das Geld der Anleger in der Regel an den Verkäufer des bereits fertigen Schiffes ging, und das war meist nicht die Werft, sondern es waren Akteure aus dem Dunstkreis der Initiatoren des Fonds.

Ausfallrisiko

Aus demselben Szenario, das zum eben beschriebenen Prozesskostenrisiko führt, nämlich der verspäteten oder ausbleibenden Ablieferung, kann sich ein Ausfallrisiko ergeben. Denn wenn das Schiff noch auf der Werft liegt, kann es naturgemäß nicht (pünktlich) für den bereits vertraglich gebundenen Charterer fahren. Einnahmen aus Charterraten werden fehlen, es besteht aber auch die Gefahr, dass er von seinem Vertrag zurücktritt oder seinerseits Vertragsstrafen geltend macht. Zudem hat auch der Charterer Verträge mit seinen Geschäftspartnern, sodass hier ein riskanter Dominoeffekt eintreten kann, weil die Werft mangelhaft oder unpünktlich arbeitet.

Off-Hire-Risiko

Wir haben gesehen: Auch die Risiken sitzen förmlich in ein und demselben Boot, sind also miteinander verbunden. Das sogenannte Off-hire-Risiko ist dabei der schlimmste Fall, denn dann fehlen die Einnahmen. Dies kann passieren, wenn der Charterer kündigt, wie oben beschrieben, oder wenn er schlichtweg nicht zahlt – sei es wegen (zeitweiliger) Zahlungsunfähigkeit oder weil ein Vertragsmangel vorliegt. Die Gründe dafür sind in den Charterverträgen definiert. Dazu gehören Fälle, in denen die Ausrüstung ausfällt (wofür üblicherweise die Schiffsgesellschaft verantwortlich ist) oder Reparaturen nötig sind. Dabei kann es auch zum teuren und aufreibenden Streit kommen, wer den Ausfall zu verantworten hat. Denn die technisch-nautische Führung liegt beim Vertragsreeder, also beim Fonds. Doch kann es auch durch Geschäftsentscheidungen des Charterers zu Ausfällen kommen.

Zwei Probleme auf einmal treten auf, wenn das Schiff wegen einer Beschädigung ausfällt: Zum einen muss der Fonds es teuer reparieren lassen, gleichzeitig fallen die Charterraten weg. Für beides kann man aber wiederum Vorkehrungen treffen: Die Reparatur eines nicht selbstverschuldeten Schadens kann durch eine Kaskoversicherung reguliert werden, während die ausgefallenen Einnahmen eine Loss-of-Hire-Versicherung abdeckt.[70]

Betriebskostenrisiko

Die auf Jahre festgelegten Charterraten sind immer brutto, anders als etwa bei einer Wohnungsmiete, bei der man die Betriebskosten extra zahlt. Das heißt, die Charterraten fließen unabhängig von den tatsächlichen und auch schwankenden Betriebskosten, die – je nach Art des Chartervertrages – in der Regel allein Sache der KG sind. Dagegen gibt es jedoch keine Versicherung. Hier ist allein das Management gefragt, das versuchen muss, die Betriebskosten möglichst gering zu halten. Die Prognose hierfür findet naturgemäß Eingang in die gesamte Liquiditätsplanung des Fonds und damit am Ende auch in die Renditeprognose für den Anleger. Besondere Kostenfaktoren müssen dabei selbstverständlich berücksichtigt werden und beispielsweise auch bei den berechneten Steigerungsraten ihren Niederschlag finden.

Anschlussbeschäftigungs- und Restwertrisiko

Nach einigen Jahren läuft ein einmal abgeschlossener Chartervertrag aus. Je nach Konjunktur oder Lage des Charterers wird dieser eine etwaige Option auf Vertragsverlängerung nutzen oder auch nicht. Es existiert also ein Anschlussbeschäftigungsrisiko und gleichzeitig ein Verwertungsrisiko hinsichtlich des Schiffes, also im Hinblick auf einen möglichen Verkauf, der in der Regel am Ende einer Fondslaufzeit steht. Die Chancen auf einen neuen Charterer oder einen angemessen hohen Veräußerungspreis hängen wiederum von vielen Faktoren ab, darunter dem Schiffstyp und den für diesen Typ dann gültigen Marktbedingungen, was einer Lotterie gleichkommen kann. Dabei spielt es natürlich auch eine Rolle ob das Schiff regelmäßig und fachgerecht gewartet wurde.[71]

Kriegs- und Terrorrisiko

Seit einigen Jahren wissen wir, dass Piraterie kein Relikt aus Abenteuerromanen ist. Der größte – und für die Weltwirtschaft bedrohlichste – Unruheherd liegt dabei im ausgedehnten Seegebiet um das Horn von Afrika, verursacht vor allem durch somalische Terroristen und Banditen. Besonders durch den internationalen Militäreinsatz *Operation Enduring Freedom* ist es gelungen, die Gefahr dort zurückzudrängen. Mit Piratenromantik hat dies leider nichts zu tun, die Folgen sind oft tödlich, zumal es auch in anderen Regionen der Welt, von der Öffentlichkeit eher unbemerkt, große Piratennester gibt, etwa in der viel befahrenen Straße von Malakka und überhaupt in den Gewässern vor Indonesien und Malaysia, in der Südchinesischen See, im Indischen Ozean und in Westafrika vor Guinea, Benin und Nigeria.

Die großen internationalen Schifffahrtsrouten vor allem für den Transport von Gütern und Öl sind von den Raubzügen der Piraten bedroht. Daher kann es sein, dass ein Charterer vertraglich verpflichtet wird, bestimmte Seegebiete zu meiden. Für bestimmte Strecken, besonders die Nadelöhre Golf von Aden und Straße von Malakka gibt es allerdings kaum realistische und bezahlbare Alternativen. »Der Fonds als Eigentümer muss daher das Risiko eines Piratenangriffs abwägen gegen die deutlich teureren Frachtkosten, die durch eine zeitintensive Umfahrung des gefährlichen Gebiets entstehen würden«, so Vivien Fuchs[72]. Wie bei vielen Risiken hat die Versicherungsindustrie aber auch bei Kriegsereignissen oder Terroranschlägen eine Lösung parat, und zwar eine *War-&-Strike-Insurance*. Bestimmte Fahrgebiete werden dort jedoch ausgeschlossen.[73]

Währungsrisiko

Die Kredite zum Bau der Schiffsfonds liefen in der Regel auf US-Dollar, teilweise auf japanische Yen. Denn in Japan waren die Zinsen schon vor Jahrzehnten sehr niedrig, was allerdings im internationalen Währungsgefüge durch entsprechende Währungsverluste ausgeglichen wurde. Manchmal liefen Schiffsdarlehen auch auf Schweizer Franken, denn auch in der Schweiz gab es einen Niedrigzins, lange bevor dies im Euroraum der Fall war. Aber auch auf Euro lautende Kredite kamen vor – und unterschiedliche Kredite, die auf verschiedene Währungen lauteten, finanzierten oftmals durchaus gleichzeitig ein und dasselbe Schiff. Der Baupreis bei der fast immer ausländischen Werft musste regelmäßig in US-Dollar gezahlt werden, ebenfalls wurden die Einnahmen durch die Charterraten in US-Dollar verbucht.

Auf der anderen Seite liefen alle Berechnungen und Bilanzierungen und selbstverständlich auch die Ausschüttungen an die Anleger in Euro. Zudem wurden unter Umständen die Löhne an die Mannschaft in Euro ausgezahlt.

Einnahmen in US-Dollar und Ausgaben in Euro bedeuten starke Unsicherheiten – und dies angesichts von einstelligen Renditen –, da bekanntlich die Währungskurse deutlich schwanken. Planungssicherheit erhält der Fonds nur dann, wenn er diese Kursschwankungen durch entsprechende Finanzprodukte absichert, was zusätzliche Kosten verursacht.

Gleichzeitig ist dieses Risiko eines der wenigen, dem in gleichem Maße auch Chancen gegenüberstehen. Denn Kursschwankungen bei ähnlich großen Volkswirtschaften wie der amerikanischen und europäischen haben oft auch etwas Willkürliches. Zudem lassen sie sich, anders als viele andere Risiken, die man bewusst eingeht, vom Manager nicht

beeinflussen, von der nötigen Absicherung einmal abgesehen
– die die finanzierende Bank gern kostenpflichtig mit in die
gesamte Finanzierungsstruktur einbaute und bisweilen sogar
für Fondsfinanzierungen zwingend voraussetzte.

Zinsrisiko für die Fremdfinanzierung

Die Zinsen unterliegen den Schwankungen der Kapitalmärkte. Sofern ein Kreditvertrag mit niedrigeren Zinsen geschlossen werden kann, erhöht dies die Liquiditätsreserve. Höhere Zinsen gehen zu Lasten der Liquidität der Gesellschaft.

Generelle Risiken[74]

Als sei diese Aufzählung nicht genug, erwartet Anleger eine Fülle weiterer Risiken, gegen die kein Kraut gewachsen ist und auch keine Versicherung angeboten wird. Auch sind nicht alle dieser Risiken im Fondsprospekt aufgelistet: plötzliche Marktänderungen, Betrug, Missmanagement, weltfremde Politiker, die willkürlich Gesetze und Steuergesetze ändern, ungünstige Rechtsprechung, inkompetente Beratung, unvorhergesehene Wertverluste, Steuern und Inflation – zu den Unwägbarkeiten gehört aber auch eine Veränderung beim Stahlpreis oder eine Betriebskostenexplosion, weil sich der Schmiermittelpreis plötzlich vervielfacht. Letzteres hat es gegeben, und die finanziellen Folgen waren drastisch. Eine einschlägige Fabrik war ausgefallen und die einzig verbliebene schraubte die Preise nach oben für ein Produkt, das jedes Schiff permanent in rauen Mengen benötigt und dessen Kosten der Fonds zu tragen hatte.

All diese Risiken muss sich ein Anleger vergegenwärtigen. Davor muss ein Fondsprospekt warnen. Gleichzeitig stehen diese Punkte oft auch für jene Aspekte, die ein gutes Management auszeichnen und folglich die Erfolgsfaktoren eines Fonds ausmachen.

Platzierungsgarantien

Üblicherweise gaben Emissionshäuser und Reeder beim Auflegen und der Konstruktion eines Fonds eine sogenannte Platzierungsgarantie ab – formell gegenüber der Fondsgesellschaft, von der sich die Bank diese Garantie dann abtreten ließ. Reeder und Emissionshäuser nahmen dafür in der Regel eine Gebühr von der Fondsgesellschaft. Mit der Platzierungsgarantie signalisierten sie einerseits dem Fondsanleger im Prospekt, dass in jedem Fall das für den Fonds benötigte Eigenkapital eingezahlt und somit das Projekt finanziell gesichert würde. Andererseits war es ein verbindliches Versprechen, also tatsächlich eine Garantie, gegenüber der finanzierenden Bank, die dies forderte. Zudem zahlte das Geldhaus den vollständigen Kredit nur aus, wenn das Eigenkapital in geplantem Umfang eingeworben worden war. Wurden nicht genug Anleger gefunden, mussten Reeder und Emissionshäuser – so jedenfalls die Theorie – die restliche Summe aufgrund der Garantie berappen, in der Regel hälftig. Jedoch sahen diese Akteure Platzierungsgarantien nur als Formalie an, denn Schiffsfonds liefen schließlich jahrelang von allein. Dass solche Garantien im Ernstfall auch einzulösen waren – eben im »Garantiefall« –, daran dachten die meisten Fondsanbieter nicht und trafen auch entsprechend keine Vorsorge. Wir werden ebenfalls darauf zurückkommen.

Der Prospekt des *MS Ostsee* der Vielwert Capital AG

Nachfolgend werde ich aus dem für 2005 typischen Prospekt für das *MS Ostsee* zitieren, aufgelegt durch die Vielwert Capital AG (*Namen geändert*). Er enthält für die damalige Zeit übliche Inhalte und Details. Darüber hinaus ging die Schiffsgesellschaft, ebenfalls charakteristisch, später in die Insolvenz. Unsere Kanzlei hat die Verantwortlichen für diesen Fonds im Namen zahlreicher Anleger verklagt. Sie haben meiner Meinung nach schwerwiegende Prospektfehler begangen, und es kam zu den für Schiffsfonds typischen Geschäften, die nur für die Hintermänner lukrativ waren und die den Wert der Fondsbeteiligung für den Anleger geschmälert haben. Ich nutze die Darstellung des Falles *MS Ostsee* exemplarisch. Es gibt Hunderte ähnlicher Fehler in vergleichbaren Fonds anderer Anbieter. Weil ich diesen Fall in der Praxis erlebt habe und weil seine Geschichte idealtypisch ist, habe ich ihn hier ausgewählt – und werde ihn später im Abschnitt zur juristischen Aufarbeitung erneut aufgreifen.

Der Prospekt zum *MS Ostsee* wurde am 31. März 2005 veröffentlicht: Die Vielwert Capital AG bot das Investment an. Angelegt werden sollte das Geld in ein Vollcontainerschiff der sogenannten Sub-Panamax-Klasse mit einer Stellplatzkapazität von 2.764 TEU – die Abkürzung TEU steht für »Twenty Feet Equivalent Unit« –, also einen klassischen Zwanzigfuß-Container. Gleich im ersten Abschnitt auf der ersten Seite des Prospektes wurde der wirtschaftliche Kontext gepriesen: »Die Schifffahrtsmärkte und hier insbesondere die Containerschifffahrt erleben derzeit einen seit dem Frühjahr 2002 anhaltenden Boom. In den nächsten 10 Jahren wird eine Verdopplung des Containerumschlages erwartet.«[75]

Die Erwartungen mögen so gewesen sein, doch es kam anders – und das konnte man auch vorher wissen. Schließlich waren dem Beteiligungsangebot an der *MS Ostsee* zu diesem Zeitpunkt mehr als 50 solcher Angebote der Vielwert Capital AG vorausgegangen. Das gesamte Investitionsvolumen aller Beteiligungen der Vielwert Capital AG wurde mit über 1,5 Milliarden Euro angegeben, ermöglicht durch weit mehr als 10.000 Fondsanleger. Hervorgehoben im Prospekt wurde auch die erfolgreiche Bilanz des Emissionshauses: »Die gute Performance der Vielwert Capital AG zeigt sich in den ausgezeichneten Ergebnissen der testierten Leistungsbilanz 2003. Danach leisten 36 von 40 der laufenden Fonds prospektgemäße Auszahlungen. Ebenfalls 90 % aller laufenden Beteiligungsgesellschaften sind bei den Tilgungen im Plan oder sogar besser«[76].

Für den Fonds wurde das Tonnagesteuerverfahren gewählt. Die Chartereinnahmen von 22.450 Dollar pro Tag an 355 bis 360 Tagen jährlich sollten aus einem zunächst auf drei Jahre geschlossenen Chartervertrag mit einer der größten Containerreederei weltweit fließen. Dem Charterer wurde eine Option eingeräumt, den Chartervertrag zwei Mal für je zwölf Monate zu verlängern, und zwar zu 23.050 Dollar am Tag und später zu 23.750 Dollar am Tag. Wie beschrieben, würde ein Reeder diese Option nur dann nutzen, wenn es für ihn günstig wäre. Es war damit eine einseitige Option – und sie wurde tatsächlich auch nur einmal eingelöst und dann nach der Krise sofort fallen gelassen. Als Besonderheit verfügte das Schiff über 400 Anschlüsse für Kühlcontainer und über vier Kräne mit einer jeweiligen Tragkraft von 35 bis 45 Tonnen. Dies wurde als Wettbewerbsvorteil hervorgehoben. Die erreichbare Geschwindigkeit gab der Fondsprospekt mit 22,7 Knoten und damit als überdurchschnittlich an.

Der Kaufpreis des – bereits fertigen und kurz zuvor abgelieferten – Schiffes betrug 44,142 Millionen Dollar oder 37,882 Millionen Euro. Die *MS Ostsee* wurde auf der polnischen

Werft Stocznia Gdanska in Danzig hergestellt, übrigens der früheren Leninwerft, also der Keimzelle der polnischen Gewerkschaft Solidarność mit Lech Walesa an der Spitze.

Die Bereederung sollte durch die »erfahrene Hamburger Reederei« Backbord Reederei GmbH & Co. KG. erfolgen. Die Vielwert Capital AG und der Gesellschafter der Reederei gaben Platzierungsgarantien ab für den Fall, dass nicht das vollständige Kommanditkapital eingeworben wird.

Das *MS Ostsee* war mit 2.764 TEU ein Schiff mittlerer Größe. Die Kräne machten es unabhängig von einer entsprechenden Infrastruktur in den Häfen, sodass das Schiff vor allem dort Chancen hatte, wo solch eine Ausrüstung fehlte. Laut Fondsprospekt verfügten nur 36 Prozent der vergleichbaren Schiffe über solch eine Ausstattung. Der Einsatz wurde als weltweit möglich vermerkt, bezogen auf die Schiffsklasse jedoch überwiegend in kleinen und mittleren Häfen im »Afrika-, Südamerika- und innerasiatischen Verkehr.« Fazit auf Seite 21: »Die Wettbewerbsfähigkeit des MS «Ostsee" zeigt sich unter anderem durch seine guten technischen Daten, die über den Durchschnittswerten der oben genannten wichtigen technischen Eigenschaften liegen.«

Die Vielwert Capital AG suchte ein Emissionskapital von 11,05 Millionen Euro (insgesamt betrug das Eigenkapital 13,555 Millionen Euro). Anleger mussten mindestens 15.000 Euro investieren, höhere Summen waren möglich, und die Investoren wurden damit Anteilseigner an der zu diesem Zweck gegründeten MS »Ostsee« Schifffahrtsgesellschaft mbH & Co. KG. Es bestand keine Haftung und Nachschusspflicht über den Beteiligungsbetrag hinaus. Zum Kaufwert existierte ein Gutachten. Als Bonbon wurde Investoren die Möglichkeit eingeräumt, die Eignerkabine der *MS Ostsee* gegen eine geringe Kostenpauschale für eine Mitreise zu nutzen. Das

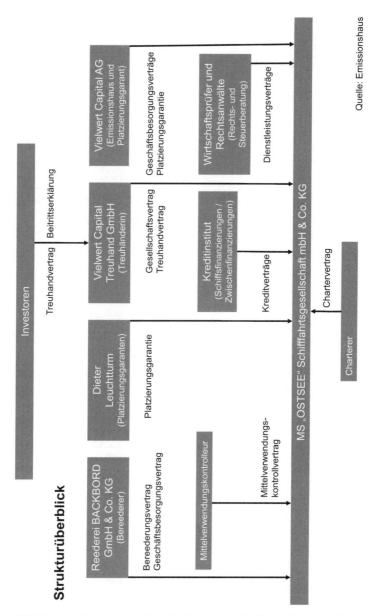

Abbildung 6: Strukturüberblick eines Schiffsfonds gemäß Emissionshaus

Schiff sollte die Billigflagge von Antigua und Barbuda führen, Heimathafen war die Hauptstadt St. John's.

Die Anlage war von 2005 bis 2019 vorgesehen, also über 15 Jahre. Erste Auszahlungen über 8 Prozent p. a. bezogen auf das Kommanditkapital ohne Agio waren ab 2007 geplant. Diese sollten bis 2019 auf bis zu zwölf Prozent steigen. Die prognostizierten Auszahlungen während der Fondslaufzeit aus dem Betrieb des Schiffes wurden mit insgesamt 133 Prozent angegeben, die Schlussauszahlung aus der »kalkulierten Veräußerung des Schiffes« im Jahr 2019 mit »voraussichtlich rund 76,9 Prozent«, jeweils bezogen auf das Kommanditkapital ohne Agio[77]. Auf Seite 18 des Prospekts hieß es: »Die Anleger des MS ›Ostsee‹ haben die Chance, von einem wachsenden Welthandel, den boomenden Schifffahrtsmärkten im Allgemeinen und hier speziell durch Teilnahme am dynamischsten Segment, der Containerschifffahrt, zu profitieren«[78].

Im Jahr 2013 meldete die Fondsgesellschaft der *MS Ostsee* Insolvenz an. Vorausgegangen war dieser Pleite eine mehrjährige finanzielle Odyssee.

Das problematische Fondskonstrukt

Die Backbord Reederei GmbH & Co. KG (*Namen geändert*), betrieb zum Zeitpunkt der Prospektveröffentlichung etwas über zehn Containerschiffe und beteiligte sich mit 2 Millionen Euro an der *MS Ostsee*.

Das Schiff wurde zwar eigens für einen Fonds gebaut – war jedoch Jahre vorher in Auftrag gegeben und drei Monate vor der Übernahme in den Fonds bereits durch die Backbord Bereederungs GmbH & Co. KG, bei der wiederum der

Reeder letztlich einziger Gesellschafter war, von der Werft abgenommen worden, und zwar zu einem Baupreis von 36,05 Millionen Dollar statt 44,25 Millionen Dollar. Damit ergab sich am Ende für den Reeder ein Gewinn von 4,93 Millionen Euro, was sich in gleicher Weise zum Nachteil der Anleger auswirkte und ihre Rendite schmälerte. Trotzdem erstellte der öffentlich bestellte und vereidigte Schiffsgutachter ein einschlägiges Kaufpreisgutachten über »44,25 Millionen Dollar«, mutmaßlich nach der gängigen Ertragswertmethode, die eben die Schiffseinnahmen berücksichtigte. Im Prospekt heißt es dazu, dass »der Kaufpreis aufgrund des seit Mitte 2003 stark gestiegenen Neubaumarktes als günstig zu bewerten ist. Der spezifische Wert des Schiffes liegt am unteren Rand der aktuellen Marktwerte. Bezogen auf die Ladefähigkeit von Containern und unter Berücksichtigung der Charter mit einer Bruttorate von 22.450 US-Dollar pro Tag und dem sich daraus ergebenen Nutzungswert, wird der Kaufpreis ebenfalls als günstig beurteilt.«[79]

Gepriesen wurden sowohl das Wachstum des Schifffahrtsmarkts allgemein (jährlich sieben bis neun Prozent) und des Containermarkts im speziellen (jährlich im Schnitt von 7,8 Prozent). Bei den alles entscheidenden Charterraten drückte man sich jedoch ausgesprochen schwammig aus und betonte sogar die bisherigen Schwankungen. Alles in allem kam man aber nach einem langen diffusen Absatz zu dem Schluss: »Aufgrund der aktuellen Prognosen zum Containerverkehr und der absehbaren Flottenentwicklung der kommenden 2 Jahre kann davon ausgegangen werden, dass die Chartermärkte sich auch in der nächsten Zeit stabil weiterentwickeln«[80]. Und dies war nicht nur Fondsprosa. In der für den Prospekt und das gesamte Angebot zentralen Wirtschaftlichkeitsberechnung wurden die Einnahmen aus den Charterraten mit einmal 20.403 Dollar und dann durchgängig 19.750 Dollar angegeben, nach den 22.450 Dollar durch den Charterer in den ersten drei Jahren. Wir werden später sehen, in welcher Größenordnung sich die Charterraten nachher dann bewegten.

Die Kosten: Gebühren und Vertriebsprovisionen

In Hochzeiten der Schiffsfonds flossen für den Verkauf der Anteile Provisionen von bis zu 30 Prozent. Es liegt auf der Hand, dass solch ein Maklerlohn die reale Rendite eines Investors und in erster Linie zunächst das zur Verfügung stehende Investitionsvolumen deutlich schmälert. Wie passt ein solch hohes Erfolgshonorar mit der Tatsache zusammen, dass der Vertrieb von Schiffsfonds damals ein Kinderspiel war? Nun, die Vertriebsprofis mit gutem Draht zur betuchten Kundschaft hätten bei geringeren Boni schlichtweg andere Fondsanbieter bevorzugt. Und so überboten sich die Emissionshäuser mit hohen Vergütungen, was offenbar wichtiger war, als das Geld der Anleger möglichst effizient anzulegen.

30 Prozent waren der Gipfel, zehn bis 20 Prozent Standard. Und es waren ja nicht die einzigen Posten, die am Gewinn knabberten beziehungsweise das eingezahlte Kapital erst einmal vom Fleck weg reduzierten. Bezogen auf das Anlegerkapital berechnete das Analysehaus Scope die durchschnittlichen weichen Kosten bei Schiffsfonds auf 22,1 Prozent. Das Agio, also der Aufgabeaufschlag, ist darin enthalten. Deutsche Immobilienfonds kamen zur selben Zeit »nur« auf 18,3 Prozent[81]. Es kann sich jeder ausrechnen, wie außergewöhnlich stark ein Unternehmen arbeiten muss, um diese Anfangskosten zu verdauen. Dabei gilt jedoch zu beachten, dass der Begriff der Weichkosten juristisch nicht scharf umrissen ist.

In jedem Fall hatte sich auch die Stiftung Warentest mit ihrem Magazin Finanztest die klippenreiche Küste der

Fondskalkulation einmal genauer angesehen und kam 2004 zu dem Schluss: Die Beteiligung von Reedern, Fondsinitiatoren und Vermittlern wird oft durch »sichere Provisionen, Gebühren oder andere Vergütungen aus der Fondskasse mehr als ausgeglichen. Im Unterschied zum Anleger verdienen sie deshalb auch an schlecht laufenden Schiffsfonds ganz hervorragend. Allein 20 bis 35 Prozent des Anlegergeldes gehen für Kosten drauf, die für Konzeption und Vertrieb berechnet werden. Manche Gebühren fallen für überwiegend fiktive Leistungen an – im Branchenjargon ›blaue Luft‹ genannt«[82].

In ihrem Testbericht zu Schiffsfonds nahmen die Verbraucherschützer auch das Agio, das in der Regel fünf Prozent betrug, unter die Lupe: »Offiziell gilt das Agio als Vergütung für den Vermittler. In Wahrheit erhält er für seine Dienste jedoch zirka 12 bis 25 Prozent des Anlegerkapitals. Das ist ein Hauptgrund dafür, dass Vermittler die Fonds so gern verkaufen. Um möglichst erfolgreich zu sein, greifen sie häufig zu fragwürdigen Verkaufsmethoden. Manche Vertriebe ködern Kunden damit, dass sie die 5 Prozent Agio ganz oder teilweise verdeckt an sie zurückzahlen. Dem Vermittler bleibt ja immer noch genug. Doch solche ›Kickbacks‹ sind rechtlich und steuerlich problematisch und müssen vom Anleger auf jeden Fall als Sondereinnahme versteuert werden«[83].

Wie schon oben erwähnt, soll der Vertrieb der Beteiligungen kein Schwerpunktthema dieses Buches sein – wie überall ist die Bandbreite der Qualität auch bei Vertrieben groß. Zudem ist bei derlei Fragestellungen immer der einzelne Fall, die einzelne Beratung genau zu beleuchten. Viele Vertriebe – und gerade die bankunabhängigen – waren und sind jedoch selbst in teilweise hohem Volumen in derlei Beteiligungen investiert. Man kann dies als recht sicheres Indiz dafür werten, dass diese Vertriebe selbst an das dem Kunden empfohlene

Produkt glaubten und nun ebenso wie der Kunde Verluste zu verzeichnen haben. Die Hintergründe kannten Vertriebe oftmals ebenso wenig wie der Kunde. Ein guter Vertrieb zeichnet sich dann gerade dadurch aus, dass er seinen Kunden in der Krise eben nicht allein »im Regen stehen« lässt – sondern ihm aktiv mit Rat und gegebenenfalls Tat weiterhin zur Seite steht. Er steckt selbst nicht den Kopf in den Sand, sondern bemüht sich um Hilfestellung und zeigt dem Kunden Wege zur Interessenwahrung auf. Auf diese Weise stärkt er zugleich die Beziehung zum Kunden für die Zukunft.

Viel wichtiger in der Frage nach der Höhe der Provisionen ist die Frage nach dem Grund, warum die Emissionshäuser sie in dieser Höhe anboten. Dies indiziert bereits das gewaltige Interesse an dem Geschäft »Fondsauflage« und die Nutzung aller damit verbundenen Möglichkeiten.

Bei einer solch schweren finanziellen Belastung ist es nicht überraschend, dass selbst in den normalen Vorkrisenzeiten nur ein Teil der Fonds seine Versprechungen auch einhielt. Schiffsfondsexperte und Fachjournalist Jürgen Dobert hatte dies bis zum Stichtag 31. Dezember 2001 einmal ausgerechnet: Von 860 ausgewerteten Fonds blieben mehr als 60 Prozent hinter ihren Prognosen zurück[84].

Journalistenkollege Loipfinger stieß ins selbe Horn: »Und die Anleger? Aufgrund der von 2004 bis 2007 nicht nur bei Immobilien aufgetretenen ›Yield-Compression‹ (Renditeabschmelzen) wurden die Risiken größer und die Renditechancen kleiner. In der Praxis bedeutete das, dass die Preise für Investitionen schneller stiegen als die nachhaltigen Einnahmen und damit die Verzinsung geringer wurde. Nachhaltig bedeutete dabei, dass es im Bereich der Schifffahrt zum Beispiel völlig unrealistisch war, die gestiegenen Charterraten auch über 15 oder 20 Jahre anzunehmen«[85].

60 Prozent der Schiffsfonds erfüllten also die Versprechen nicht – und dies in Schönwetterzeiten. Diese desaströse Bilanz ist kein Wunder, vor allem angesichts der üppigen Sonderaufwendungen: Porsche-Sportwagen für die Ehefrauen (die sicherlich nicht allgemein üblich waren, aber eben doch nicht nur einmalig vorkamen), Reisen und First-Class-Flüge zum Stapellauf des Schiffes nach China und Korea – der Vertrieb erhielt nicht nur satte Provisionen, sondern auch etliche Geschenke in allen klischeehaften Formen. Das zeigt ein Auszug aus der E-Mail des Chefs eines großen – und zu einer noch größeren Reederei gehörenden – Emissionshauses an einen externen Vertriebsmann, der zuvor die schlechte Performance eines Fonds zulasten der Anleger moniert hatte:

Haben Sie eigentlich auch die Interessen der Anleger vertreten, als sie 20 % + von den Vertriebsgesellschaften kassiert haben (zu Lasten der Anleger)......? Die Flüge nach Korea und China mußten First Class sein.....ansonsten hätte man sich am Vertrieb nicht beteiligt (zu Lasten der Anleger) [...]!

Skiurlaub mit Begleitung, Wüstenrally‹s, Weinreisen ins Bordeaux, etc.,etc, etc. (alles z.L. der Anleger) und [...] Porsches für die Ehefrauen nicht zu vergessen!!

Meinen Sie wirklich die Emissionshäuser hätten all dies freiwillig offeriert.........? Und meinen Sie wirklich all diese Kosten seien nicht in die Investitionrechnungen mit eingepreist worden [...]? Sie wissen das ganz genau !!

Nein, es war die Gier des Vertriebs, der dies verlangte, die Gier der Emissionshäuser, die dieses Verhalten akzeptierten, um die Größten zu sein und die Gier der Reedereien, um ebenfalls die Größten sein zu wollen. Auch die Banken wollten die Größten sein

[...] und all das nur, weil die Anleger (aus Gier) anfänglich Steuern sparen und am Ende keine mehr zahlen wollten (Von der degressiven AfA zur Tonnagesteuer).

Die Rechnung für das daraus entstandene Overtonnagement zahlen wir alle gemeinsam [...] jetzt !!
Verzeihen Sie bitte, wenn ich Ihnen in diesem Zusammenhang Realitätsverlust vorwerfen muß.

Kosten am Beispiel des Fondsprospekts
MS *Ostsee* der Vielwert Capital AG

Irgendwo mussten all die gewünschten und geforderten Mittel herkommen – und dafür gab es nur den Anleger und den laufenden Betrieb des Schiffes. Die Kosten dafür waren natürlich eingepreist, wie es auch der Mailauszug belegt, aber das konnte der Prospektleser eben oft nicht erkennen. Wie kreativ und vielfältig die Gebühren waren – und dies sind wahrlich nicht die einzigen Einnahmequellen – zeigt das Beispiel unseres *MS Ostsee* der Vielwert Capital AG aus dem Jahr 2005. So beliefen sich die Anschaffungskosten auf **33,955 Millionen Euro**. Selbst dieser Preis war schon zu hoch, doch dazu an späterer Stelle mehr. Diese Anschaffungssumme wurde durch eine Vielzahl von Dienstleistungen hochgeschraubt, darunter einige überteuert und bei anderen war die Gegenleistung unklar:

Zunächst erhielt die Reederei Backbord Reederei GmbH & Co. KG **300.000 Euro** für Dienstleistungen vor der Ablieferung. Dabei war es derselbe Reeder, der über eine ebenfalls ihm gehörende Gesellschaft das Schiff an die Fondsgesellschaft verkaufte. Er bekam also nicht nur den überhöhten Verkaufspreis, über den wir später noch ausführlich reden werden, sondern seine Reederei erhielt obendrauf noch 300.000 Euro für »vor der Übernahme des Schiffes durchzuführende Maßnahmen (Versicherung des Schiffes, Vorbereitung der Registereintragung)«, wie es im Fondsprospekt heißt.

Des Weiteren bezog die Vielwert Capital AG **234.000 Euro** für »Rechts- und Steuerberatung, Mittelverwendungskontrolle, Gutachten, Prospektbeurteilung, Handelsregister etc.«

944.000 Euro flossen in die »Projektierung« des Fonds.

Stolze **1,762 Millionen Euro** wurden aufgewendet für »Emission, Werbung und Marketing«, bei der noch das berühmte Agio von 5 Prozent hinzukam, also weitere **678.000 Euro**.

Diese drei Posten für sich genommen sind durchaus üblich und entsprechen dem Geschäftszweck der Vielwert Capital AG. Allerdings bleibt unklar, ob die Dienstleistungen die genaue Höhe der Aufwendungen rechtfertigten. Aus der Position »Emission, Werbung und Marketing« wurden übrigens offiziell auch »sämtliche Vertriebsprovisionen« gezahlt. Tatsächlich lagen sie in der Fondsbranche in der Regel wesentlich höher – bei den Vertriebspartnern der Vielwert Capital AG dürfte es ähnlich gewesen sein. Provisionen mussten also noch aus anderen Quellen kommen – was sich aus dem Prospekt nicht ablesen ließ.

Schließlich erhielt die zur Vielwert Capital AG gehörende Treuhandgesellschaft, die generell die Interessen der Anleger vertreten soll, **70.000 Euro**.

Mit Zwischenfinanzierungszinsen von **325.000 Euro** und einer Liquiditätsreserve von **291.000 Euro** (plus Agio) erhöhte sich die Gesamtinvestition um knapp **4 Millionen Euro auf 37,882 Millionen Euro** – eine Summe, die den tatsächlichen Wert des Anlageobjekts weit überstieg. Auch dies schmälerte den Erlös der Anleger, die ein Eigenkapital von **11,5 Millionen Euro** aufbrachten.

Und dies waren nur die Kosten und Gebühren, die in engerem Zusammenhang mit der Konzeption, der Vermarktung und dem Vertrieb des Fonds entstanden. Vor und nach dieser Phase, also vor der Anlegentscheidung und während des Betriebs, wurde eine Vielzahl weiterer Einnahmequellen angezapft.

Der wahrscheinlich größte Posten war der Verkauf des neuen Schiffes an die Fondsgesellschaft durch die dem Reederei-Gesellschafter gehörende und somit verflochtene Backbord Bereederungs GmbH & Co. KG mit einem Reingewinn von knapp 5 Millionen Euro. Dies war nicht etwa ein spontaner Verkauf aufgrund der Feststellung, dass man das *MS Ostsee* nach knapp drei Monaten nicht mehr für eigene Zwecke benötigte. Vielmehr wurde es verkauft und in die eigene Bereederung genommen. Diese Veräußerung war üblich bei Schiffsfonds, ein zentrales Glied in der Erlöskette – und vor allem wurde der niedrigere Baupreis, den die Backbord Bereederungs GmbH & Co. KG an die Danziger Werft entrichtet hatte, den Anlegern verschwiegen. Dies ist aber nach Überzeugung aller Rechtsanwälte in meiner Kanzlei unredlich. Denn die Anleger konnten sich so kein umfassendes Bild vom – in diesem Fall deutlich geschmälerten – Wert ihres Anlageobjektes und den wahren Interessen der Reederei machen.

Es ist übrigens in sehr vielen von meinen Kanzleikollegen und mir untersuchten Fällen so, dass die Namen der involvierten Unternehmen, vor allem auf der Seite der Reeder, sich ungeheuer ähneln. Man könnte auf den Gedanken kommen, dass dies kein Zufall ist und eine Überprüfung deutlich erschweren sollte. Man fragt sich außerdem, wie solche Namensähnlichkeiten überhaupt beim Handelsregister akzeptiert werden können, da dort eigentlich eine gewisse Registerstrenge und -klarheit vorgeschrieben ist.

Kosten im laufenden Betrieb des MS Ostsee

Wie sich alle Beteiligten – freilich außer den Anlegern – am Schiff und den dazugehörigen Einnahmen bedienten, zeigt das nächste Beispiel: Die Charterraten betrugen in den ersten Jahren 22.450 Dollar pro Tag. Von dieser Charterrate erhielt die Reederei, die Backbord Reederei GmbH & Co. KG, ausweislich des Fondsprospekts 4 Prozent Bereederungsgebühr. Daneben bezog die Vielwert Capital AG 0,75 Prozent der Chartereinnahmen. Hinzu kam jedoch noch eine »Befrachtungskommission«, während der Erstcharter über 5,5 Prozent verfügte. Davon gingen 3 Prozent als sogenannte Adresskommission und 1,25 Prozent Kommission an die Broker der Charterreederei. Die Broker auf der Seite der Backbord Reederei GmbH & Co. KG – eine wiederum mit der Reederei verflochtene Gesellschaft – erhielt weitere 1,25 Prozent aus der 5,5-Prozent-Befrachtungskommission.

Diese Vermittlungsgebühren sind grundsätzlich nichts völlig Unübliches, auch nicht jene für die jeweiligen Broker, die die Vertragsreederei und die Charterer zusammenbringen. Allerdings ist die Höhe der Gebühren durchaus hoch, und die Firmen sind weitreichend jeweils miteinander vernetzt, so dass auch hier wieder das Geld am Ende zumindest teilweise in ein- und derselben Tasche landet.

Das Beispiel der Befrachtungskommission zeigt dies nachdrücklich: Auf Basis des Bereederungsvertrages hat der Reeder die Aufgabe, für Einsatz und Beschäftigung, also die Befrachtung, des Schiffes zu sorgen – und dies wird mit der Bereederungsgebühr vergütet. Zwar kann er diese und auch andere Aufgaben auf andere übertragen: Dafür jedoch nochmals als deren Geschäftsführer eine Vergütung zu Lasten der Schiffsgesellschaft zu akzeptieren, zeigt die komplexen Strukturen auf, wie das Geld der Anleger förmlich missbraucht wurde. Ein- und dieselbe Leistung wird doppelt abgerechnet: Der Reeder als Geschäftsführer der Schiffsgesellschaft »akzeptiert« diese gewissermaßen an sich selbst gestellten Rechnungen zu Lasten des Anlegerkapitals.

Zudem liegt es auf der Hand, wie stark die Gebühren und Kommissionen von insgesamt 10,25 **Prozent** an der zunächst einzigen Einnahmequelle der Anleger, nämlich der Charterrate, nagen. Rechnet man die Bereederungsgebühr für »echte Leistungen« heraus, bleiben immer noch 6,25 Prozent Provisionen und Umlagen übrig, bei denen sich die Frage nach dem reellen Gegenwert stellt. Die verschiedenen Begriffe für ein und dieselbe Sache, nämlich eine Vermittlungsgebühr für alle möglichen Zwischenmänner, erinnern in fataler Weise an einen Sketch aus der 70er/80er-Jahre-Comedy-Reihe »Nonstop-Nonsens« mit Dieter Hallervorden. Dort stellt der Immobilienmakler dem Interessenten allerlei Kosten in Rechnung, er erwähnt die »Maklergebühr«, obendrauf kommt extra noch die »Courtage« und der Käufer fragt plötzlich, was denn dahinter stecke, wozu der Makler meint: »Courtage ist französisch.«

Die Vielwert Capital AG finanzierte sich also direkt und indirekt, vollständig oder teilweise, einmalig oder permanent aus folgenden Quellen:

– Managementgebühr (0,75 Prozent auf die Charterrate) – ständig

– Verwaltungsgebühr: Haftungsvergütung, Beiratsvergütung, Aufwendungen für Jahresabschlussprüfungen, Beratungen, ab 2006 mit 17.000 Euro bis 2019 mit 107.000 Euro – ständig

– Treuhandgebühren (70.000 Euro im ersten Jahr, dann 0,5 Prozent vom treuhänderisch verwalteten Kapital von anfangs 11,5 Millionen Euro, was 57.500 Euro ausmacht) – ständig

- Auszahlungen aus der Fondsgesellschaft entsprechend dem Fondsanteil – ständig

- »Rechts- und Steuerberatung, Mittelverwendungskontrolle, Gutachten, Prospektbeurteilung, Handelsregister etc.« – einmalig und ständig

- Emission, Werbung und Marketing – einmalig

- Agio – einmalig

- Projektierung – einmalig

Die Einnahmen des Reeders über seine Backbord Reederei GmbH & Co. KG sowie die zwischengeschaltete Verkäufergesellschaft Backbord Bereederungs GmbH & Co. KG speisten sich direkt und indirekt, vollständig oder teilweise, einmalig oder permanent aus folgenden Quellen:

- Bereederungsgebühr – ständig

- Befrachtungskommission – ständig

- Verkauf des Schiffes an die Fondsgesellschaft – einmalig

- Dienstleistung vor Ablieferung – einmalig

- Laufende Betriebskosten – ständig

- Auszahlungen aus der Fondsgesellschaft entsprechend dem Fondsanteil – ständig

Eine etwaige Kommission aus dem späteren Verkauf des Schiffes an Dritte wäre in der Branche nicht unüblich gewesen, ist in diesem Fall aber nicht bekannt – und wegen der späteren Insolvenz der Backbord Reederei GmbH & Co. KG sowie der Schiffsgesellschaft kam es ohnehin nicht dazu.

Zwischenfazit

Natürlich standen allen eben geschilderten Einnahmen auch Ausgaben und Kosten gegenüber, und viele dieser Dienstleistungen waren üblich und nötig, um einen Schiffsfonds aufzusetzen und zu betreiben – doch wahrlich nicht alle, und auch nicht in der entsprechenden Höhe und Regelmäßigkeit. Alles in allem war durch solche Aktivitäten und Kosten die Werthaltigkeit der Anlage ernsthaft in Frage gestellt, um das sehr zurückhaltend auszudrücken.

Auch Stefan Loipfinger, jahrelang vor allem auf geschlossene Immobilienfonds spezialisiert, kam zu einem eindeutigen Schluss: »Heimliche Geschäfte auf Kosten der Anleger sind weit verbreitet. Mehr noch, zu einem gewissen Grad sind sie sogar fundamentaler Bestandteil des Geschäftsmodells von Banken, Versicherern, Finanzvertrieben und Fondsanbietern. Jedenfalls wimmelt es allenthalben von Anlegerfallen, schön maskiert mit wohlfeilen Worten und goldenen Versprechungen garniert.« Schätzungen zu den Initiatoren von Schiffsfonds sind nicht überliefert. Aber es spricht wenig dagegen, dass man ein ähnliches Resümee ziehen kann, wie es Loipfinger für den Immobilienbereich getan hat: »Zwei Drittel der Anbieter sind unseriös. Zählt man noch die Dilettanten hinzu, bleibt vielleicht noch jeder fünfte Initiator als brauchbar übrig.«[86]

Kapitel 5
Im Strudel: Eine Blase entsteht – und platzt

Trotz der obskuren Gebührenpolitik ging die Sache bis zur Finanz- und Wirtschaftskrise 2007/2008 halbwegs gut. Es war wie auf einer Gartenparty, bei der sich alle amüsieren und nicht merken, wie am Horizont die schwarzen Wolken näherkommen – und der Alkohol langsam ausgeht. Dabei wollte niemand die vielschichtigen Dominoeffekte voraussehen, die die amerikanische Subprime-Krise und die Pleite von Lehman-Brothers mit sich brachten, inklusive der Flaute der Weltwirtschaft und der eingebrochenen Nachfrage nach dem globalen Transportmittel Nummer 1: nach Schiffen.

Über Jahre war der Bedarf nach Transportkapazitäten groß gewesen und wuchs sogar. Die Charterraten waren, von den üblichen Schwankungen einmal abgesehen, auskömmlich. Alle verdienten gut, außer jenen Fondsanlegern, bei denen selbst während des Booms nichts ankam, weil ihr Fondsmanagement unfähig war und/oder sich gar zu sehr am Eigenkapital bediente. Doch die Schifffahrtsbranche als Ganzes florierte – und genau dies sorgte für die fatalen Überkapazitäten, so wie man es vom berühmten Schweinezyklus her kennt.

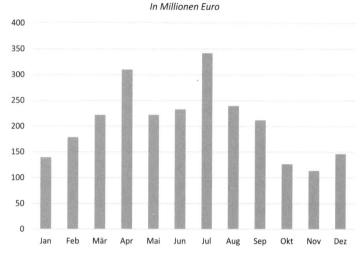

Abbildung 7: Im Jahr 2008 eingeworbenes Eigenkapital für Schiffsfonds

Schließlich platzte die Blase: Nach 2008 brach der Weltmarkt ein, viele Schiffe wurden schlichtweg nicht mehr gebraucht. Und die, die noch fuhren, trafen auf Logistikunternehmen, die die Charterraten drastisch drücken konnten. Sofort, also 2009, wurden Charterverträge nachverhandelt, und zwar durchaus auch, wenn es einen festen und noch länger laufenden Vertrag gab – auch zuvor kein völlig unübliches und unbekanntes Vorgehen im Schifffahrtsmarkt. Das bedeutete gewaltige Einnahmereduzierungen auch für jene Schiffsbesitzer – für alle anderen, die in diesem Moment einen neuen Charterer suchten, sanken die Charterraten teilweise bis auf ein Zehntel. Gleichzeitig liefen die Kosten in nahezu vollem Umfang weiter. An dieser Stelle setzt ein weiterer typischer Winkelzug an: Beispielsweise hatte ein Reeder mehrere Schiffe, die alle für denselben Charterer fuhren. Nur eins davon bereederte er für einen Fonds. Der Leser darf sich fragen, ob in der Krisenphase das Fondsschiff oder das eigene Schiff des Reeders Kürzungen der Charterraten durch denselben Charterer hinnehmen musste.

Doch auch ohne Finanz- und Wirtschaftskrise wäre der Boom nicht ewig so weitergegangen: Denn gerade weil es so gut lief, waren zu viele Transportmittel produziert worden. *Überkapazitäten* oder *Übertonnage* waren die Wörter der Stunde – im obigen Originalauszug aus seiner Mail sprach der Reeder selbst von *Overtonnagement*. Und als wäre all das nicht schon schlimm genug, waren Hunderte weiterer Schiffe längst in Auftrag gegeben und im Bau und – von den Banken mit ersten Raten angezahlt. Sofern dies vertraglich möglich war, pochten die Werften auf Erfüllung und überschwemmten den längst gesättigten Schiffsmarkt zusätzlich, noch dazu mit modernerem Gerät. Es wirkte wie ein Tsunami.

Mit Vollgas waren Schiffsfonds über die Weltmeere gerauscht, ab Herbst 2008 ging es steil bergab ins Wellental. Allein schon beim Rückblick wird einem schwindelig:

- 2009 hatten rund 500 der weltweit 4.700 Containerschiffe keine Aufträge.[87]

- 140 von deutschen Anlegern via Schiffsfonds finanzierte Containerschiffe waren bereits direkt im Nachkrisenjahr ohne Beschäftigung und Einnahmen.[88]

- Von den 200 Containerschiffen des Emissionshauses HCI beispielsweise verfügten 16 im Jahr 2009 über keinen Chartervertrag.[89]

- Bei der Lloyd Fonds AG liefen im Jahr 2009 die Charterverträge für 14 der 75 Containerschiffe aus.[90] Bei MPC

Capital war die Quote etwas besser: Nur 13 von 206 Containerschiffen hatten keine Aufträge.[91]

Die Flaute bei den Bestandsschiffen war der eine Teil der Misere, besonders für die Anleger. Gleichzeitig drohte den Emissionshäusern selbst Ungemach. Denn zum einen behielten Investoren während der Krise die Hand auf ihrem Geld. Fast niemand legte ab Herbst 2008 sein Geld an – obwohl gerade das Konstrukt der geschlossenen Fonds Unabhängigkeit von Aktienkursschwankungen und anderen Turbulenzen an den Finanzmärkten versprach. Doch die allgemeine Verunsicherung war riesig, und als sich der Staub gelegt hatte und Anleger wieder Zutrauen fassten, trat das spezifische Problem der Schiffsfonds und des Schiffsmarkts generell zu Tage. Das Krisenmanagement bei bereits aufgelegten Fonds und Schiffen traf mit dem Exodus von Neuanlegern zusammen. Für die Emissionshäuser hatte dies drastische Konsequenzen, wie Jürgen Dobert im Nachkrisenjahr 2009 dem Handelsblatt zu Protokoll gab: »Das Neuemissionsgeschäft ist praktisch tot. Die deutschen Emissionshäuser müssten allein für nicht platzierte Schiffsbeteiligungen aus dem vergangenen Jahr eine Milliarde bis 1,5 Milliarden Euro bei Anlegern einsammeln. Banken schätzen, dass mindestens weitere vier Milliarden Euro Anlegergelder gebraucht werden, um die von Fondshäusern seit Langem bei den Werften bestellten Schiffe zu finanzieren. 2009 aber werden nicht einmal 500 Millionen Euro zusammenkommen.«[92]

Doch viele Marktteilnehmer hofften wohl trotz enormer Orderbücher, der heftige Sturm würde kurz sein und die Wogen würden sich rasch wieder glätten. Schließlich zog die Weltkonjunktur tatsächlich bald wieder an. Aber am Grundproblem der Überkapazitäten hatte sich nichts geändert, zumal die neuen und vor allem auch moderneren Schiffe mit Wucht auf den Markt trafen. Die Krise schien zumindest für die Fonds chronisch zu werden.

Im Mittelpunkt dieses Buches stehen die Anleger. Doch ihr Wohl und Wehe hing vom Zustand der Schiffsfonds und somit des Schiffsmarkts und vom Verhalten der Banken ab. Diese Aspekte, die untrennbar miteinander verbunden sind und die die wichtigsten Faktoren ausmachen, werde ich in diesem Kapitel beleuchten, und zwar für die Ereignisse ab Herbst 2008 und den darauffolgenden Jahren. Dabei nahm die Krise keinen eindimensionalen, linearen Verlauf. Vielmehr ist sie ein Lehrbeispiel für das komplexe Zusammenwirken verschiedener Punkte, auch psychologischer und irrationaler Seiten, die zeitversetzt ablaufen oder sich gegenseitig bedingen. Zudem werden wir erleben, wie sogar plötzlich wieder in gewissem Umfang Hoffnung aufkeimte – rückblickend muss man sagen: völlig grundlos –, und wie sie sich bald darauf wieder in Luft auflöste.

Der Markt vor und nach der Krise

Von 1998 bis 2008 pumpten Anleger 23 Milliarden Euro in deutsche Schiffsfonds. Laut dem Bundesverband Sachwerte und Investmentvermögen e. V. (bis 2013 Verband Geschlossene Fonds e.V., VgF, und am 1. Januar 2018 im ZIA Zentraler Immobilien Ausschuss aufgegangen) wurde bis 2010 gut die Hälfte der 3.500 deutschen Schiffe über geschlossene Fonds finanziert, 385.000 deutsche Anleger waren in Schiffsfonds engagiert[93] – und dies taten sie besonders in einer Schiffsklasse.

Ende 2009 gab es 4.669 Containerschiffe weltweit. 1.742 davon waren in deutscher Hand, und davon wiederum gehörten rund zwei Drittel den Anlegern von Schiffsfonds. Diese 1.742 deutschen Schiffe standen für 35 Prozent aller

Containerschiffe überhaupt. Damit nahm unser Land den ersten Platz beim Besitz dieses Schiffstyps ein – stand beim Sturm der Weltkonjunktur aber auch wie eine Gallionsfigur vorn auf dem Bug. Die internationale Wirtschaft schrumpfte, folglich wurden viel weniger Elektronik aus Taiwan, Plastikspielzeug aus China oder Kleidung aus Bangladesch in Container gepackt. Auch andere Wirtschaftsbereiche waren beeinträchtigt, nur traf es dort Deutschland nicht so hart: Bei Tankern nahmen wir den vierten Patz ein mit 425 Schiffen, was einen Weltanteil von nur 4,4 Prozent ausmachte. Bei Bulkern waren es 271 Schiffe und 3,7 Prozent Marktanteil, was Deutschland nur den Platz 7 einbrachte.[94] Das Containerschiff stand also nicht nur stellvertretend für den just-in-time vernetzten Welthandel und war Export-Symbolfoto in der Tagesschau, sondern jetzt auch Sinnbild der Krise.

Torsten Teichert, bis heute Vorstandsvorsitzender der Lloyd Fonds AG und mit seinen Fondsgesellschaften selbst in schwerer See, sah auf dem wichtigen jährlichen Branchentreff 14. *Hansa-Forum 2010* in Hamburg den maritimen Standort Deutschland mit seinen damals in Bezug genommenen, angeblich 400.000 Beschäftigten bedroht – und fand die Ursache für Aufstieg und Fall in den Schiffsfonds: »Die maritime Wirtschaft hätte diese Bedeutung niemals erlangen können, wenn es nicht das in dieser Form weltweit einzigartige Finanzierungssystem über Schiffsfonds und starke deutsche Schiffsbanken gegeben hätte.«[95] In knapp 20 Jahren war die deutsche Flotte um rund 240 Prozent gewachsen. Die Bruttoraumzahl (BRZ), die die Größe eines Schiffes angibt, hatte sich sogar verzehnfacht. »Diese expansive Flottenpolitik war nur möglich, weil es Fremd- und Eigenkapital in Deutschland in ausreichendem Maß gab. Lag das Kreditvolumen deutscher Banken im Jahr 1998 noch bei insgesamt 24,2 Milliarden Euro, so betrug es zehn Jahre später im Jahr 2008 116,5 Milliarden Euro«, zog Teichert Bilanz.

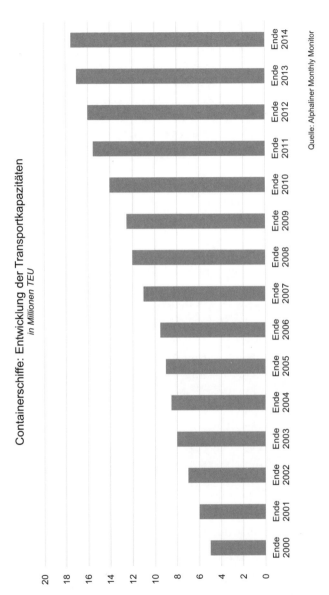

Abbildung 8: Transportkapazität der Containerschiffe Entwicklung 2000 bis 2014

Und obwohl der Weltwirtschaftsmotor stotterte, liefen weitere Schiffe vom Stapel – die in diesem Umfang nicht mehr gebraucht wurden. Im ersten Halbjahr 2009 stellten deutsche Reeder 120 Neubauten in Dienst (wovon nur zwölf aus Deutschland kamen). Das allein entsprach einem Investitionsvolumen von 4,2 Milliarden US-Dollar. Damit nicht genug: Weitere Schiffe befanden sich in der sogenannten Auftragspipeline: Anfang Juli 2009 waren weitere 1.197 Handelsschiffe für deutsche Reedereien in Bau oder zumindest in Auftrag gegeben. Das entsprach einem Anschaffungswert von 57,2 Milliarden US-Dollar. Ein Großteil davon war über Emissionshäuser und Reeder initiiert worden.[96]

Mit neuem Geld für noch mehr Schiffe konnten die Emissionshäuser freilich nicht rechnen: Der KG-Markt für Schiffe war im Herbst 2008 abgestürzt. Fondsinitiatoren und mit ihnen verbundene Reeder sowie, allen voran, die engagierten Banken hatten damit ein zusätzliches Problem. Denn sie hatten bereits weitere Schiffe geordert und teilweise bezahlt – weil dies über Jahre Teil ihres Erlösmodells war. Früher hatten sie diese, wie beschrieben, gewinnbringend an die Fondsgesellschaft verkauft. Jetzt standen die Aufträge wie Blei in den Orderbüchern der asiatischen Werften, mussten aber in harten Dollar bezahlt werden. Man hatte es vor Augen: Das abzunehmende Schiff kostete beispielsweise 30 Millionen US-Dollar und war direkt nach Abnahme am Markt nur rund die Hälfte wert.

Dabei muss man den vermeintlich ökonomischen Wahnsinn auch etwas relativieren. Schließlich handelten die deutschen Emissionshäuser und Reeder nicht ganz verrückt, es entsprach eben nur den psychologischen Mechanismen des Gruppenhandelns. Torsten Teichert rechtfertigte sich in seinem Grundsatzreferat dahingehend, dass die Emissionshäuser auf einen Bedarf reagierten: »Die meisten bestellten

Schiffe hatten eine langfristige Charter. Deutsche Bestellungen waren auch im internationalen Rahmen. Andere Länder bestellten wesentlich mehr.«[97] Für Banken wiederum war zuvor die »Schiffsfinanzierung lukrativ und sehr sicher«, Ausfälle habe es kaum gegeben.[98] Auch Reeder schwammen auf einer Erfolgswelle.

Alle drei Hauptakteure – Reeder, Emissionshäuser und Banken – haben also Fehler gemacht und dachten offenbar, es gehe immer so weiter. Im Ergebnis wurden die Risiken, die sie selbst in den Fondsprospekten beschrieben hatten, ausgeblendet und zu viele Schiffe bestellt.

Schiffsfonds haben also die große deutsche Flotte erst ermöglicht, möglich wurden dadurch aber auch die damit einhergehenden Probleme. Und mit einem Mal sahen die Banken jenes KG-Modell kritisch, das sie jahrzehntelang selbst mitgebaut hatten. Auf dem bereits erwähnten *Hansa-Forum 2010* stellte Uwe-Carsten Wiebers, Leiter Schiffsfinanzierung der KfW IPEX-Bank, eine Schifffahrtsstudie von Roland Berger vor. Sie beruhte auf einer Umfrage zum Thema Finanzierung. Im Kern besagte die Umfrage, dass das KG-Finanzierungsmodell deutlich an Bedeutung verliere, Banken restriktiver Kredite vergäben und auch der Standort Deutschland im Hinblick auf Schiffsfinanzierungen Gewinn einbüße. Die deutschen KG-Fonds wurden plötzlich als »wenig krisenresistent« angesehen. Dabei hatte sich an ihrer Konstruktion gar nichts geändert. Und die Erkenntnisse hätte man als Finanzierungexperte auch vorher haben können, ja sogar haben müssen. Nur hätte dann eine ganze Industrie viel weniger Umsatz und Gewinn gemacht. All die Punkte, die man aus der Tasche zog, hätten Anleger in den Jahren zuvor von Emissionshäusern beispielsweise in den Verkaufsprospekten brennend gern erfahren: Moniert wurde nun unter anderem, dass KG-Fonds keine belastbare Bilanz lieferten, dass es einen Substanzverlust durch Ausschüttungen und ein Anschluss-Risiko gebe. Und auch, dass Fonds »branchenunerfahrene Eigner« hätten, führte Wiebers als Negativposten ins Feld. All dies sei – jedenfalls aus Sicht der Bank und damit aus der alles entscheidenden Sicht – »risikoerhöhend«.

Aus meiner Sicht war vor allem risikoerhöhend, dass Krisen von vornherein in dem gesamten Finanzierungskonstrukt nicht ansatzweise berücksichtigt wurden. Die positiven und somit risikomindernden Aspekte, die der KfW-Schiffsfinanzierungsleiter auch erwähnte, nahmen sich dagegen dünn aus: Das einfache Geschäftsmodell wurde herausgestellt und die Tatsache, dass ein »alleiniger Zugriff auf Hypotheken möglich« sei. Letzteres war jedoch allein für die Banken ein Pluspunkt, wie wir gleich sehen werden – dem Anleger wurde nicht zuletzt dadurch oft der Garaus gemacht.

Wiebers fasste zusammen, dass die KG-Fonds deutlich krisenanfälliger waren als eine klassische Unternehmensfinanzierung. Daher treffe die Krise Deutschland wesentlich stärker als den Rest der Welt, und er stellte fest, dass die Krise auch vom Schiffstypen abhänge – und meinte damit wohl vor allem Containerschiffe. Martin Seimetz von der – zu diesem Zeitpunkt bereits teilverstaatlichten – Commerzbank AG sah auf dem *Hansa-Forum 2010* ebenfalls plötzlich »Risiken des bisherigen Geschäftsmodells aufgrund des hohen Fremdkapitalanteils«. Auch dies stand vorher nicht in den Fondsprospekten jener Schiffe, die die Commerzbank AG oder ihre Tochter DSB finanziert hatte. Ganz im Gegenteil: Die Bank hatte ja ein Interesse daran, ein möglichst großes Volumen zu finanzieren. Es war schließlich nicht so, dass ein Fondsemittent mangels ausreichenden Eigenkapitals die Bank höflich nach einer Finanzierung für den Restkaufpreis ersuchte, sondern man plante ein Projekt mit einem festgelegten Eigenkapital- und Fremdkapitalanteil. Da hätte man aus

Bankensicht dann demzufolge auch früher aufpassen können – und müssen.

Verluste und Nachzahlungen: Wie Anleger doppelt geschockt wurden

Die Lage auf dem Fondsmarkt und bei den Emissionshäusern stellte sich ab Herbst 2008 als deprimierend dar: Es kam zu einem riesigen Vertrauensverlust bei Investoren. Anleger kauften viel weniger Anteile von Schiffsfonds. Das Neugeschäft kam weitestgehend zum Erliegen. Banken zogen sich – soweit überhaupt möglich – aus der Neufinanzierung zurück. Denn die Charterraten als Kern der Einnahmen waren gefallen. Damit war die Anschlussfinanzierung vieler älterer Fonds nach dem Auslaufen des ersten Schiffskredits nicht gesichert. Fondsgesellschaften hatten bei gefallenen oder ganz ausbleibenden Chartererlösen ein massives Liquiditätsproblem, so dass sie oft ihre Kapitalverpflichtungen nicht bedienen konnten. Bestehende Schiffswerte sanken drastisch. Das Finanzierungsmodell der Schiffsfonds-KG war zerschellt.

Leidtragende waren vor allem die Anleger und dies nicht nur wegen des offenkundigen Mankos, dass eben die Schiffe kaum noch Erlöse erzielten und damit zunehmend und massiv an Wert verloren. Doch anders als bei Aktien, bei denen man beispielsweise den Tageskurs von 70 Prozent des Kaufwertes realisieren und mit einem blauen Auge aus dem Investment aussteigen kann, ging dies bei Schiffsfonds nicht. Es waren unternehmerische Engagements mit langer Laufzeit, die man nicht vorzeitig beenden konnte. Zudem war ein Schiff nur so viel wert, wie es einnahm, es kam also auf den Ertragswert an, der erst im Schrottwert seine untere Grenze fand, abzüglich der umfangreichen Forderungen der Banken.

Verpflichtungen mussten also bedient werden und das hieß abhängig vom Investitionsstand: Betriebskosten und vor allem Bankkredite. Denn wie hatte es Uwe-Carsten Wiebers von der KfW formuliert? »Alleiniger Zugriff auf Hypotheken möglich.«

Und ein weiterer, spezifischer Fondsaspekt trat hinzu: Solange noch Geld da war – oder von den Anlegern erneut eingefordert werden konnte –, konnten sich die Banken, Reeder und Emissionshäuser sowie die mit ihnen verbundenen Treuhänder am Fondskapital legal bedienen. Schließlich erhoben sie Gebühren für die Verwaltung – ob diese nun erfolgreich war oder nicht.

Den Fondsinitiatoren drohte jedoch von einer anderen Seite Ungemach, sie zehrten nur noch von der Substanz vorhandener Projekte (obwohl dies für eine Kernmannschaft durchaus auskömmlich war, teilweise werden Fonds bis heute für die jeweiligen Geschäftsführer lukrativ abgewickelt). Sie mussten vor allem zusehen, wo sie gemeinsam mit Reedern das Geld für noch kurz vor der Krise beauftragte Schiffe herbekamen. Tatsächlich schrumpfte das über Schiffsfonds eingesammelte Anlegerkapital im ersten Quartal 2009 um 70 Prozent gegenüber dem Vorjahr – und dies war nicht nur der allgemeinen Finanzkrise geschuldet. Der Gesamtmarkt der geschlossenen Fonds verzeichnete nur einen Rückgang von 40 Prozent.[99]

Doch mit den Emissionshäusern musste man wahrlich kein Mitleid haben – im Gegensatz zu den Investoren, für die alles zusammenbrach und die obendrein dem berühmten schlechten Geld auch noch Gutes hinterherwerfen mussten: Nicht nur, dass das Geld ausblieb – Emissionshäuser verlangten von Anlegern vielfach, im Zuge einer Kapitalerhöhung – bezeichnet als »Sanierung«, »Restrukturierung« oder auch »Liquiditätssicherung« – Geld nachzuschießen. Andernfalls drohe die Zwangsversteigerung des Schiffes. Übertroffen wurde diese finanzielle Hiobsbotschaft noch, als Anleger aufgefordert wurden, zudem bereits erhaltene Ausschüttungen zurückzuzahlen – mit denen sie in den Fondsprospekten geködert worden waren. Schließlich waren sie Kommanditisten und hafteten entsprechend für das einmal angelegte Kapital. Dies geschah jedoch nicht nur in solchen Fällen, in denen man versuchte, das Ruder herumzureißen und das Schiff und folglich die Investition zu retten, sondern vor allem auch bei einer Insolvenz.

Insolvenzverwalter forderten dann Ausschüttungen zurück, um andere Gläubiger zu bedienen, bei diesen Gläubigern handelte es sich im Grunde einzig um die Banken. Die zurückgeforderten Ausschüttungen bekamen also diejenigen, die jahrelang auf exakt dieses ausgeklügelte Finanzierungsmodell zum Aufbau ihrer Kreditportfolien gesetzt hatten und dessen Rahmenbedingungen kannten – und die dann die sich daraus für sie ergebenden Möglichkeiten umgesetzt sehen wollten. Das alles geschah mit den angeworbenen Milliarden der Anleger. Die Geldhäuser hatten sich für ihre Kredite in der Regel zusätzliche Sicherheiten von den Fondsgesellschaften geben lassen und holten sich nun den entsprechenden Gegenwert von den Anlegern. Solche Konstellationen waren aus Investorensicht besonders ärgerlich, da es sich dabei aus deren Sicht eben nicht um eine »Sanierung« handelte, sondern um eine finale Abwicklung der Fondsgesellschaft und eine Verwertung dessen, was übrig war. Anleger standen und stehen hierbei an der letzten Stelle und gingen beziehungsweise gehen in der Regel leer aus. Im schlimmsten Fall hieß das: Totalverlust der Anlagesumme, das Schiff wurde verkauft oder verschrottet.

Zwar werden in einigen Presseartikeln oft Verbraucherschützer zitiert, denen zufolge es keine Verpflichtung zum

Nachschießen gab/gibt. Allerdings beschränkte sich diese Pflicht rein auf die Rückzahlung des Kommanditkapitals, also nicht auf echte Gewinne. Mussten Anleger »nachschießen«, war es nötig, zwischen diesen beiden Posten genau zu trennen. Doch anfangs machten die Schiffe keinerlei Profit, also war der Großteil der Ausschüttungen, wenn nicht sogar alles, plangemäß eine Rückzahlung von Kommanditkapital an den Anleger.

Die Notwendigkeit für solche Sanierungskonzepte ergab sich im Zeitraum 2009 bis 2012 häufig dann, wenn Banken mit gewissen Prognosewerten auf die Zahlung von Zins und Tilgung pochten. Doch es war absehbar, dass die Fondsgesellschaft diese mit den dann gültigen Rahmenbedingungen nicht leisten konnte und dass somit die Bank den Kredit aussetzen oder stunden musste. In diesem Fall erwartete sie einen Sanierungsbeitrag durch die Anleger – oder man würde Insolvenz anmelden. Damit es nicht dazu kam – sofern ein Weiterbetrieb des Schiffes möglich war –, diente dieses Szenario als Drohkulisse. Meist wurde diese Rückzahlung als freiwillig deklariert, was sie letztlich nicht wirklich war; ja oft wurde jenen Anlegern sogar ein Bonus von beispielsweise zehn Prozent gewährt, wenn sie von sich aus einzahlten – um das Verfahren zu beschleunigen.

Viele Emissionshäuser – darunter Dr. Peters, MPC Capital, Ideenkapital oder auch die Lloyd Fonds AG wählten sogar den bizarren Weg, die Ausschüttungen an die Anleger als Darlehen der Fondsgesellschaft an die Anleger zu deklarieren. Dieses war zinslos, vor allem aber ohne Fälligkeitsdaten zur Tilgung. Es fehlten also wesentliche Bestandteile eines üblichen Darlehensvertrags, denn dieses Konstrukt diente wohl nur dem Zweck, im Falle einer notwendigen Verpflichtung der Anleger schneller, unkomplizierter und ohne den aufwändigen Umweg über ein Insolvenzverfahren letztlich auf

Kosten der Anleger an die Rückzahlungen zu kommen. Das zeigt einmal mehr die Denkweise, die für viele Fonds typisch war, eben nicht das Wohl der Anleger im Blick zu haben. Dieses Darlehensmodell war den meisten Anlegern gar nicht bewusst. Wie sollte ein Anleger auch darauf kommen, dass ihm zustehende Ausschüttungen ein Kredit sein sollten? Daher können solche Aktionen auch den Tatbestand eines Prospektfehlers erfüllen.

In dieser Marktphase gab es viele Sanierungsmodelle:

- freiwillige Rückzahlung aller erhaltenen Ausschüttungen oder von Teilen davon – mit der beschriebenen Drohkulisse

- eine Sanierung durch Kapitalerhöhung, also durch frisches Geld von neuen Anlegern, die dann in aller Regel besondere Vorrechte gegenüber den Altanlegern besaßen.

Damit entstand förmlich ein neuer Fonds, der auf den alten »draufgesattelt« wurde. Altanleger konnten sich auch beteiligen und damit angeblich ihr altes Geld retten.

Banken, die Kredite ausgegeben hatten, bestanden also bei Rückzahlungsproblemen der Fondsgesellschaft – in welcher Form auch immer – auf einem Sanierungsbeitrag der Anleger. Der »Beitrag« der Banken – ich setze dies bewusst in Anführungszeichen – sah in aller Regel anders aus: Sie waren zu weiteren Stundungen und gegebenenfalls zur Aussetzung von Kündigungsrechten aus besonderen Klauseln ihrer Darlehensverträge bereit, wodurch sich letztlich immer höhere Schuldenberge der Schiffsgesellschaften aufhäuften. Dies geschah (wohl) in der Annahme, in Zukunft wieder bessere Chartererträge zu erhalten, so dass die Banken in der bestehenden Schiffsgesellschaft ihre Forderungen wieder würden abbauen können. Damit ein Anleger hiervon tatsächlich hätte profitieren können, hätte es allerdings sehr rascher und hoher Steigerungen bedurft. Auch daran zeigte sich, dass am Verhandlungstisch für Sanierungen kein Vertreter saß, der die Interessen der Anleger im Blick hatte.

In den ersten Jahren hielten sich die Banken mit Zwangsmaßnahmen oft zurück, zumindest vorerst: »Die Zahl der Insolvenzen von Ein-Schiffgesellschaften wie den Fonds wäre noch viel höher, wenn die Banken nicht vielfach auf die letzte Konsequenz, die Zwangsversteigerung von Schiffen, verzichten würden. Offensichtlich haben sie aus den 80er-Jahren gelernt, als sie mit Versteigerungen die Schiffspreise tief in den Keller trieben und selbst viel Geld verloren«,[100] hieß es im Handelsblatt. Nachschüsse konnten zwar die Fonds finanziell bis zu einem gewissen Grade über Wasser halten. Doch die Existenzgefahr, die durch den Wertverlust des Schiffes und die geringen Einnahmen verursacht worden war, war damit nicht verschwunden.[101]

In der Phase nach dem Zusammenbruch, um das Jahr 2009 herum, wurden Anleger zum ersten Mal praktisch mit dem Thema »Nachschüsse« konfrontiert. Hier ein Auszug aus einem Bericht des Manager-Magazins.[102]

2009: »Laut HCI hätten die rund 1900 Anleger der Beteiligungsgesellschaft ›HCI Shipping Select XV‹, die 2005 insgesamt 60 Millionen Euro Eigenkapital in den 167-Millionen-Euro-Fonds eingezahlt hatten, frische 3,7 Millionen Euro zuschießen sollen. Der Grund: Eines der Fondsschiffe, die ›MarCatania‹, war nach der Pleite ihres Charterers, der koreanischen C&Line, in Schieflage geraten. Inzwischen steht das Schiff ohne Beschäftigung da, ist noch mit neun Millionen Euro verschuldet und sieht sich zudem von Gläubigern mit Forderungen in Millionenhöhe konfrontiert. Allein im Zuge des Chartererausfalls, so HCI, entstanden Kosten für Treibstoff (Bunker) in Höhe von fast 500.000 US-Dollar. Dazu kommen Schadenersatzforderungen in Höhe von beinahe 600.000 US-Dollar, weil C&Line sämtliche noch an Bord befindliche Container kurz vor dem eigenen Exitus kurzerhand in Hongkong abgestellt hatte. Eigentlich hatten die Kisten ganz andere Bestimmungsorte. Düstere Aussichten also – angesichts derer sich die Anleger gegen die Kapitalspritze entschieden. Sie nehmen stattdessen den Verlust eines Teils ihrer Einlage in Kauf.«[103]

»Und die HCI-Investoren sind noch aus anderem Grunde relativ gut dran: Sie konnten selbst entscheiden, ob sie nachschießen wollen, oder nicht. Anders ergeht es zurzeit zum Beispiel den Anlegern des Fonds ›Ownership V‹ vom Hamburger Anbieter Ownership. Die Gesellschafter erklärten sich zunächst bereit, für die insgesamt drei Schiffe im Fonds eine Million Euro zuzuschießen. Da aber laut Ownership fünf Millionen Euro erforderlich gewesen wären, beantragte die Reederei für zwei der drei Schiffe die Eröffnung eines Insolvenzverfahrens. Die Crux: Diesem Verfahren können die Anleger längst nicht so ›entspannt‹ entgegenblicken, wie jene des HCI-Fonds. Denn sie müssen vermutlich insgesamt 400.000 Euro, die ihnen bereits als Ausschüttung überwiesen worden waren, zurückgeben. [...] Auf jeden der rund 450 Anleger des Ownership-Fonds kommt also wohl so oder so eine Nachforderung von durchschnittlich fast 1000 Euro zu. Darüber hinaus sieht ein Sanierungskonzept für Schiff Nummer drei, die ›MarCampania‹, vor, dass weitere zwei Millionen Euro zusätzlich in den Fonds fließen. Im Schnitt steht also für jeden Anleger nochmals eine Kapitalspritze von mehr als 4000 Euro an. Ob die Investoren dem zustimmen werden?«[104]

»Eine ähnliche Erfahrung machen zurzeit die Investoren der ›Emilia Schulte‹, die einst als Fonds vom Emissionshaus

Lloyd Fonds auf den Markt gebracht worden war. Das Schiff ist zwar gegenwärtig noch per Zeitvertrag verchartert. Die Einnahmen reichen aber nicht einmal, um den Kapitaldienst zu bedienen, Zins und Tilgung für die Fremdfinanzierung also. Außerdem zwang vor gut einem Jahr ein heftiger Maschinenschaden zu längerer Pause – und riss ein Loch in die Finanzdecke. Die gut 200 Anleger fanden daher vor wenigen Tagen einen Brief in ihrer Post, in dem sie aufgefordert werden, bereits erhaltene Auszahlungen wieder zurückzuzahlen. Insgesamt drei Millionen Euro frisches Kapital sollen zusammenkommen, so die finanzierende Bank. Sonst lege das Institut ›die Hand auf das Schiff‹, wie eine Lloyd-Fonds-Sprecherin formuliert.«[105]

»Und die Entscheidung vieler Anleger, sich der Kapitalspritze zu verweigern, ist – sofern aus freien Stücken getroffen vielleicht nicht immer die beste Lösung. ›Es kommt ultimativ darauf an, die betroffenen Fonds mit Liquidität auszustatten, um die kommenden etwa zwei bis drei Jahre überstehen zu können‹, schreibt die Ratingagentur Fondsmedia in einer Kurzanalyse. Die Investoren würden dann ein besseres Geschäft machen, als die Schiffe zu Niedrigstpreisen zu verscherbeln, meinen die Analysten.

Fondsmedia sieht allerdings auch ein Kommunikationsproblem: Die Finanzberater hätten ihren Kunden jahrelang die möglichen Risiken solcher Investments verschwiegen. Die Anleger seien daher jetzt überrascht – und träfen die falschen Entscheidungen.«[106]

Hin und her geschüttelt: Hoffnungen und Stagnation auf dem Schiffsmarkt

Insgesamt war aber die Schifffahrtsbranche im Jahr 2010 noch in einem erstaunlich soliden Zustand. Charterraten und Verkauf von Fondsanteilen waren zwar eingebrochen, auch war die Party vorbei. Aber alle, bis auf die Privatinvestoren, hatten irgendwie noch etwas zu trinken und bedienten sich im – von den Investoren finanzierten – Getränkelager: »Die große Konkurswelle blieb aus. Schiffsfonds haben nötige Liquidität von eigenen oder neuen Anlegern erhalten. Banken haben gestundet und prolongiert«,[107] sagte Fachmann Dobert. Die grundsätzliche Lage am Schiffsmarkt war, trotz der weiterhin düsteren Aussichten, also halbwegs erträglich – nur eben für die Anleger nicht. Sie hatten schließlich keine weiteren Erlösquellen als die Fondsausschüttungen, die nun ausblieben oder sogar zurückgezahlt werden mussten.

Ab 2010 verkauften dann viele Fondsgesellschaften Schiffe, um Schulden zu bedienen. Die Preise hatten sich sogar wieder etwas erholt. Doch selbst die Veräußerung in der Krise war Teil des Erlösmodells mit langer Verwertungskette: Reeder und Emissionshäuser bedienten sich – je nach Vertragskonstruktion – mit Extravergütungen aus dem Verkaufserlös.[108]

Aber auch an dieser Stelle war aus Sicht der Initiatoren das Ende noch lange nicht zwingend gekommen: Man ging mehr und mehr dazu über, Schiffe aus den eigenen Fondskonstrukten herauszulösen – über Verkauf oder Insolvenz – und diese mit eigenen neuen Zweckgesellschaften zu übernehmen, und zwar überwiegend in Offshore-Zentren. Dies ist ein Thema für sich, auf das noch genauer einzugehen sein wird.

Dennoch war die Entwicklung einzelner Aspekte ausgesprochen diffus, ja widersprüchlich: Laut einer Marktstudie (André Menze im Hansa-Journal)[109] standen 2010 »die Containerlinien liquiditätsmäßig wieder gut da«, während Charterraten und Schiffswerte – je nach Schiffssegment – merklich gestiegen waren und selbst stillgelegte Schiffe wieder fuhren. Gleichzeitig beobachtete man trotz »signifikanter Stornierungen ein weiterhin hohes Ordervolumen, das einer Erholung der Charterraten zuwiderlaufen könnte.« Die Situation war also so wild wie ein Herbststurm auf dem Atlantik.

Auch wenn uns das Los der Reeder nicht zu sehr kümmern soll, hatten ihr Schicksal und der wirtschaftliche Kontext, in dem sie sich bewegten, entscheidenden Anteil an der Entwicklung der Fondsgesellschaft. Auf dem *Hansa-Forum 2010* wurden denn auch »aktuelle Herausforderungen«[110] für die Reeder ausgemacht, die es in sich hatten: Frachtvolumen und Charterraten waren stark zurückgegangen, gleichzeitig sorgten Neubauten für eine Ausweitung der Flotte und die Garantieverpflichtungen mussten ebenfalls eingehalten werden. Ein Fazit der Autoren: »KG-Häuser fallen als Partner zunehmend aus.« Als Risiken vermerkte die Studie:

- »Drastisch sinkende Profitabilität im Kerngeschäft

- Kein Eigenkapital und keine Ablösung von Zwischenfinanzierungen

- Zahlung langfristiger Charterverträge überaus unsicher

- Containerlinien ersetzen eingecharterte durch eigene Schiffe

- Ineffiziente Bankengespräche mit beidseitig unbefriedigendem Ergebnis«[111]

Die Sanierung vieler Unternehmen auch auf Reederseite wurde als unausweichlich angesehen.

Auf derselben Jahreskonferenz Ende 2010, also zwei Jahre nach Ausbruch der Krise, berichtete Claus Brandt von der PricewaterhouseCoopers AG über eine Befragung von 101 Entscheidern in deutschen Hochseereedereien. Seine Kernbotschaft: »Mit einer einjährigen Verzögerung hat die Weltwirtschaftskrise die deutschen Reeder vollends getroffen.« Die Situation habe sich im vergangenen Jahr noch verschärft: Jede zweite Reederei musste wegen der »wirtschaftlichen Krisensituation« Schiffe stilllegen. Weitere Sanierungsmaßnahmen waren: Bauverträge stornieren oder verschieben, Mitarbeiter entlassen und Kurzarbeit anmelden.[112]

Und erneut wurde die ohnehin schon gebeutelte Containerschiffsklasse als besonders betroffen ausgemacht: »Die Unternehmen, die sich ausschließlich der Containerschifffahrt widmen, gaben wesentlich öfter als die diversifizierten Schifffahrtsunternehmen an, dass sie in den letzten zwölf Monaten auf Grund der Krise Schiffe auflegen, Finanzierungskonzepte anpassen und Maßnahmen zur Verbesserung der Liquidität ergreifen mussten.« Das trügerische Prinzip »Hoffnung« bestand aber trotz der Hiobsbotschaften fort: »Eine Erholung in der deutschen maritimen Wirtschaft ist in Sicht: 62 Prozent der befragten Reedereien erwarten in den nächsten zwölf Monaten für die von ihnen betreuten Schiffe eine steigende Beschäftigung.« Erneut sahen die Reeder von Containerschiffen jedoch weniger Licht am Horizont.

Tatsächlich waren 2010 die Charterraten wieder gestiegen, aber bei Weitem nicht auf das frühere Niveau – und vor allem nicht so, dass damit sämtliche Kosten für Betrieb und Finanzierung gedeckt waren. Trotzdem fanden sich auch in den Anlegerschreiben der Vielwert Capital AG für das *MS Ostsee* viele aufmunternde Worte, die das fast leere Glas zumindest halbvoll erscheinen ließen.

Fondsmarkt und Emissionshäuser

Beim Neuvertrieb von Schiffsfonds waren ein Jahr nach der Krise die Umsätze drastisch geschrumpft und der Markt war nicht mehr wiederzuerkennen. Die, die vorne lagen, hatten überwiegend auf einen bestimmten Aspekt der Schiffsfonds gesetzt: das sogenannte Offshore-Geschäft mit Versorgungsschiffen, Ankerziehschleppern, Bohrinseln. Nordcapital beispielsweise platzierte hier ein Kapital von 112 Millionen Euro, vor Conti und HCI, die Anteile 2009 über 55 Millionen verkaufte. [113]

Der Fondsmarkt lag auch deshalb am Boden, weil sich die meisten externen Vertriebe und besonders die Banken aus dem Verkauf von Schiffsfonds zurückgezogen hatten. Schließlich fanden sie kaum noch Kunden – und mit üppigen Provisionen und Vergnügungsreisen war es sowieso vorbei. Die mächtigen Vertriebe zogen weiter zu anderen Anlageobjekten. So war es nicht überraschend, dass die Gesamtbilanz der Branche beim Vertrieb von Schiffsfonds 2009 verheerend ausfiel: Nur 22 von 156 Schiffsfonds konnten voll platziert werden. 51 Schiffe wurden vom Markt genommen. Neue Fonds kamen ohnehin so gut wie gar nicht auf den Markt. Fast alle stammten aus dem Jahr 2008, manche sogar aus dem Jahr 2007.[114]

Emissionshäuser hatten also ein großes Problem beim darniederliegenden Neugeschäft und den massiven Verpflichtungen, die sie beim weiteren Ordern von Schiffen eingegangen waren (Neubau-Platzierungsverpflichtung). Die Verwaltung aktueller Fonds war wiederum herausfordernd und verursachte mit den vielen Sanierungen bestehender Fonds einen wesentlich höheren Aufwand als üblich. Vor allem mussten sie viel mehr mit den Anlegern kommunizieren. Doch solange die Fondsgesellschaft zahlungsfähig war, erhielt das Emissionshaus/die Treuhandgesellschaft für die Dienstleistungen eine auskömmliche Vergütung. Wie erwähnt, wickeln teilweise bis heute Teams um die jeweiligen Geschäftsführer die Fonds ab und zehren das letzte Eigenkapital auf, während die kleineren Fondshäuser oft seit Langem nicht mehr bestehen. Diese Hinweise seien vorausgeschickt, um die Krise aus Sicht der Emissionshäuser mit ihren völlig unterschiedlich gelagerten Problemen – die jedoch dieselbe Krise zur Ursache hatten – differenziert zu betrachten.

Die Emissionshäuser waren laut Jürgen Dobert an gleich drei Feuerherden im vollen Einsatz: »Belebung des Platzierungsgeschäfts, Enthaftung der Neubau-Pipeline und das Schiffsfonds-Krisenmanagement.«[115] Dabei schien es 2010, als balancierten alle Marktteilnehmer plötzlich wieder ganz oben auf dem Wellenberg: »Der ersehnte Aufschwung hat eingesetzt. Linien verdienen wieder Geld, Charterraten der großen Schiffe sind aus dem Schreckenstief heraus. Mittelgroße und kleine Containercarrier müssen länger als erwartet auf den Aufschwung warten, finden aber immerhin wieder Beschäftigung.«[116] Man rieb sich die Augen. Dies wurde Mitte 2010 tatsächlich gedacht und geschrieben. Ähnlich wurden auch die Anleger in den Jahres- und Sonderberichten der Emissionshäuser bei Laune gehalten.

Doch die Hoffnung war nicht von Bestand. Zudem hatten sich bereits enorme Schulden angehäuft – die die Gläubiger irgendwann einfordern würden, gerade wenn für sie die Chance bestand, etwas zurückzuerhalten. »Es ist wohl keine Übertreibung anzunehmen, dass natürlich alle deutschen Reeder und Emissionshäuser während der Krise Bekanntschaft mit dem

Risk Management ihrer Bank(en) gemacht haben«, fasste es Dobert 2010 zusammen.[117] Die Banken klopften nun an die Türen, setzten jedoch nicht – wie zu erwarten – die Daumenschrauben an: »Zwei Jahre lang haben die Banken still gehalten – weniger aus Gefälligkeit, sondern in wirtschaftlich vernünftigem ureigenen Interesse! [...] Überfällige Tilgungen und sogar Zinsen wurden gestundet, Bürgschaften und Garantien eingefroren. Mit der Entspannung der Märkte – und steigenden Schiffswerten – steht nun ein Kurswechsel bevor: Die Kreditinstitute haben mit dem Aufräumen und dem Abbau ihrer Schiffskreditportfolios begonnen.«[118] Allerdings ging es tatsächlich nur um eine Bereinigung, denn viel zu holen war bei den Schuldnern nicht. Reedereien und KGs waren häufig verschuldet, benötigten Kontokorrent- und Betriebsmittelkredite und erfüllten viele Bedingungen der ursprünglichen Kreditvergabe schlichtweg nicht.[119]

Zwei Jahre nach der Krise – die Banken hatten oftmals andere, direkt mit der Finanzkrise zusammenhängende Sorgen – rückten sie dann auch bei den Fondsinitiatoren selbst an: Doch um Auflagen der Kreditinstitute zu erfüllen, Zahlungen zu leisten und vor allem kostendeckend zu arbeiten, brauchten die Häuser ein Mindestvolumen an Umsätzen aus dem Verkauf von Fondsanteilen.[120] Daran war nicht mehr annähernd zu denken, zumindest nicht im Hinblick auf Schiffsfonds und so suchten die Fondshäuser ihr Heil in anderen Fondsklassen wie erneuerbaren Energien, Immobilien, Wald, Flugzeugen oder zumindest Spezialschiffen.

Die einst großen und teilweise börsennotierten Häuser standen also unter massivem Druck. Viele Marktbeobachter gestanden vor diesem Hintergrund den Banken ein ausgesprochen pragmatisches Verhalten zu. Ihnen kam es darauf an, überhaupt etwas von ihrem Geld wiederzusehen, statt unnötig hohen Druck zu machen. Dobert spricht gar davon, dass sie damit die »deutsche Seeschifffahrt gestützt« haben. Jedoch finanzierten sie auch die berüchtigten »Neubau-Pipelines« weiter, aus Angst vor »horrenden Verlusten« – was sie später noch einmal Milliarden kosten würde. Als würde ein Alkoholiker auf Entzug Schnaps trinken in der Hoffnung, es sei die beste Medizin.

Die letzte Konsequenz der Banken lautete allerdings: »Fälligstellung des Kredits, letzte Gelegenheit zum ›freiwilligen‹ Notverkauf und schlimmstenfalls Zwangsversteigerung.«[121] Freilich ging es bei diesen Maßnahmen immer nur um die Seeschifffahrt als Ganzes, um die großen Reeder und Fondshäuser, die man nicht zusammenbrechen lassen wollte und konnte. Die Anleger standen bei keiner dieser Aktionen im Fokus – außer, dass mit Sonderkonditionen und besonders hohen Zinsen versucht wurde, Neuanleger für Altfonds zu finden.

Plötzlich gab es eine ausgesprochene Fehlerdiskussion – nicht nur bei kritischen Journalisten. Nicht bedienbare Kapitalverpflichtungen oder das Erliegen des gesamten Neugeschäfts werden »zu einer Marktbereinigung führen«, leitete Dobert einen Grundsatzartikel über die Emissionshäuser im Fachmagazin *Hansa Journal* ein. Die Branche müsse sich neu aufstellen und ihr Geschäftsmodell restrukturieren. Hierzu gehörte eine ansehnliche Liste von Maßnahmen: »Ein adäquates Risikocontrolling, eine neue Orientierung hinsichtlich ihrer Zielgruppen, eine höhere Transparenz für Anleger und Investoren, neue Vertriebsansätze, mehr Know-how und Spezialisierung im Asset-Bereich sowie ein zukunftsgerichtetes, den neuen Marktbedingungen angepasstes Finanzierungsmodell sind Faktoren, die über das Schicksal der Marktteilnehmer entscheiden werden.«[122] Sein Fazit: »Auch wenn nicht zu erwarten ist, dass finanzierende Banken eine Insolvenz auf Ebene eines großen Fondshauses zulassen werden, werden die Finanzierer die Finanzierungsmodelle der Fondshäuser zukünftig sehr kritisch prüfen. Die Finanzierungskonditionen der Vergangenheit werden sich nicht länger aufrechterhalten lassen.«[123]

Einige Jahre später: Massiver Schaden für die Anleger

2012 dann hatte sich die Zahl der Containerschiffe – trotz der zahlreichen Neubauten – laut Wirtschaftswoche bei 4.746 stabil gehalten. Schließlich war eine ansehnliche Menge auf den Schrottfriedhöfen Asiens gelandet und entlastete dort auf Kosten der Umwelt wenigstens den Weltmarkt. Bestellt waren allerdings so viele weitere Schiffe, dass das Magazin bald wieder mit 5.500 rechnete, wovon 500 über keinen Chartervertrag verfügten: »Sie hatten buchstäblich nur Schrottwert und mussten auf ein Anziehen der Weltkonjunktur hoffen.«[124]

Was jedoch den Vertrieb der Fonds anbelangt, war das Urteil von Fachjournalist Jürgen Dobert 2012 eindeutig: »Der Schiffsfonds-Markt steht vor dem Kollaps.«[125], sagte er lapidar das Offenkundige, wobei dieser längst kollabiert war. Mehr als 130 Anlegerschiffe seien bereits in die Insolvenz gefahren. »Allein das einst große Emissionshaus HCI musste 28 Pleitefälle bei Frachtern verkraften«, machte die Wirtschaftswoche aus.[126]

Eine Erholung des Marktes war auch in den Folgejahren nicht in Sicht. »Der über drei Jahrzehnte erfolgreiche KG-Markt in Deutschland ist zusammengebrochen, stellte Torsten Teichert, Vorstandschef von Lloyd Fonds, 2013 fest. Das war übrigens das Jahr, in dem das *MS Ostsee* in die Insolvenz ging.

»Private Anleger werden vorerst nicht mehr in die Schifffahrt investieren«, so Teichert. Hatten in Boomzeiten deutsche Fondshäuser Anteile über zwei bis drei Milliarden Euro pro Jahr allein für Schiffsfonds verkauft, war der Markt im Jahr 2013 förmlich nicht mehr existent: Im ersten Halbjahr 2013 konnten die Emissionshäuser lediglich 27,4 Millionen Euro für Schiffsfonds einwerben. Neugeschäft war darunter jedoch kaum: Allein 23,6 Millionen Euro davon waren Nachschüsse für Sanierungen.[127]

Laut der Deutschen Fondsresearch befanden sich 2013 ganze 363 Schiffsfonds in der Sanierung. Dahinter standen 4,8 Milliarden Euro der Anleger und 3,2 Milliarden Euro an Fremdkapital der Banken. Seit dem Jahr 2010 waren laut Fondsresearch bereits 271 Fonds mit insgesamt 353 Schiffen verkauft worden, wobei rund 3,9 Milliarden an Anlegergeldern zum Teil oder komplett verloren gingen.[128] Gestiegenen Kosten standen weiter erheblich gesunkene Einnahmen gegenüber. Bei jedem dritten Schiff konnten nicht einmal die laufenden Betriebskosten gedeckt werden, hieß es in der Fondsresearch-Studie. Nur bei 40 Prozent aller Schiffe würden die Einnahmen ausreichen, um noch eine Tilgung bei den Banken zu leisten. An eine Ausschüttung für die Anleger sei erst gar nicht zu denken. Von den verbliebenen 622 Fonds galten daher 80 Prozent als gefährdet.

Drei Jahre später (2015) waren es laut Süddeutscher Zeitung sage und schreibe 500 insolvente Schiffsfonds und Hunderte Frachter und Tanker, die mit hohen Verlusten verkauft werden mussten: »Mehr als zehn Milliarden Euro wurden versenkt in einem Meer aus Gier, falschen Versprechungen, dubiosen Transaktionen und raffgieriger Selbstbedienung«, zog die Süddeutsche Zeitung 2015 Bilanz. Laut Magazin *Finanztest* hatten sogar vier von fünf Schiffsfonds Geld vernichtet. Nun war der Markt endgültig »tot«.[129]

Platzierungsgarantien

Wir erinnern uns: Emissionshäuser und Reeder hatten beim Auflegen und der Konstruktion eines Fonds eine Platzierungsgarantie abgegeben – wofür sie eine gesonderte Gebühr von der Fondsgesellschaft nahmen. Mit der Platzierungsgarantie wurde dem Fondsanleger signalisiert, dass das Projekt in jedem Fall finanziell gesichert sei. Es war ein verbindliches Versprechen.

Jedoch fiel auch dieser Posten Reedern, Emissionshäusern und Banken in der Krise schwer auf die Füße. Reeder und Emissionshäuser bekamen formal Druck von der Bank, die aber eher selten auf die Erfüllung der Platzierungsgarantie pochte. Denn bei Hunderten von Fonds und Bestellungen milliardenteurer Schiffe war daran nicht zu denken. Manche Emittenten hatten Platzierungsgarantien abgegeben, die den Wert ihres – manchmal börsennotierten – Unternehmens um ein Vielfaches übertrafen. Auch hier stellt sich die Frage, wie die Banken so etwas als werthaltige Sicherheit akzeptieren konnten? Schließlich war ihnen als Insider die Dimension des Gesamtmarktes und der jeweiligen Reeder und Emissionshäuser sowie der prallvollen Orderbücher bei den Werften in vollem Umfang bekannt.

Fachjournalist Dobert meint zum Thema Platzierungsgarantie: »Ein trauriges, ein peinliches Kapitel für die gesamte Branche hat sich hier offenbart. Was den Anlegern und dem Vertrieb Produktsicherheit während der Platzierungsphase zusichern sollte, hat sich in der Krise in aller Regel als ›heiße Luft‹ herausgestellt. Weil sie nicht belastbar sind, schon gar nicht in größerem Volumen. Oder auch, wie sich inzwischen herausstellt, weil sie in letzter Konsequenz wohl vielfach gar nicht ernst gemeint waren. Denn oft waren die Garantie-Verträge mit Einschränkungen so gestaltet, dass sie nur im

Rahmen eines funktionierenden Geschäftsumfeldes Geltung hatten und im Übrigen von den Banken wie selbstverständlich zwischenzufinanzieren waren. Die großen Emissionshäuser der Schifffahrt hängen u. a. deshalb am Tropf der Banken, weil sie diese Garantien nicht erfüllen können.«[130] Allerdings handelten nicht alle so, einige Marktakteure standen zu ihren Verpflichtungen.

Bei allen anderen Anbietern sorgten diese Garantien dafür – ein weiteres Mal zulasten der Anleger und obwohl die Fondsgesellschaften dafür bezahlt hatten –, dass ein Reeder oder Emissionshaus in starken Interessenkonflikten stand und die Banken dies förderten, etwa durch eine Enthaftung im Rahmen eines Gegengeschäfts.

Den Leser mag es kaum verwundern, dass es auch bei Platzierungsgarantien zu obskuren Geschäften kam – auch dies entpuppte sich zur Krisenzeit durchaus als Muster: Ein größeres Emissionshaus hatte sich mit Schiffsbestellungen und Platzierungsgarantien verhoben. Der entsprechende Fonds war nur zu einem Bruchteil gezeichnet, irgendwoher mussten noch 50 Millionen Euro hergeholt werden, um die ursprünglich bei der Schiffsbestellung aufgebaute Finanzierungsstruktur einhalten zu können. Überraschend wurde dann den Anlegern im Vorfeld einer Gesellschafterversammlung ein »Großinvestor« präsentiert, der zumindest 45 Millionen Euro investieren wollte und dies nach Zustimmung der bisherigen Gesellschafter auch tat. Doch wie findet sich in Krisenzeiten plötzlich ein Weißer Ritter, der mit solch einer hohen Summe einsteigt?

Tatsächlich entpuppte sich die Firma als klassische GmbH mit nichts mehr als dem Grundkapital in Höhe von 25.000 Euro. Sie wurde nur für diesen einen Zweck gegründet und die Geschäftsführer waren zwei Anwälte aus dem Dunstkreis einer Bank, die genau für diesen Fonds das Fremdkapital bereitstellte ...

Mit der großen Fondsanlage, hinter der also die Bank steckte, konnte nun der Kredit in vollem Umfang ausgezahlt werden, die Bank erfüllte formal die Kreditrichtlinien für ihre Schiffshypothekenfinanzierung, vor allem aber konnte das Schiff gekauft und ausgeliefert werden und somit in Fahrt kommen. Das Ganze erinnert an Baron Münchhausen, der sich selbst am Schopf aus dem Sumpf zog. Eine Rückabwicklung des Fonds wäre für die Anleger zwar sinnvoller gewesen, aber offenbar nicht für die anderen Akteure. Das Beispiel zeigt auch den Faktor »Zeit«, der bei Investments generell zentral ist: Banken haben Zeit und können sich diese, wenn nötig, auch kaufen; Anleger nicht – und ihnen wird nicht einmal die Chance dazu gegeben, sondern ihnen wird diese Chance sogar aktiv allein durch die Banken genommen.

Zweitmarktfonds

Ein funktionierender Zweitmarkt für die Schiffsfonds – im Sinne von: Anleger erhalten einen reellen Gegenwert für ihre Fondanteile – existierte nicht. Ohnehin war der Zweitmarkt bezogen auf den Gesamtmarkt recht klein. Zwar wurden 2008 Anteile über 169 Millionen Euro gehandelt, doch der »Erstmarkt« erzielte zur selben Zeit Umsätze von 2,5 Milliarden Euro. Dagegen dachten sich Emissionshäuser aber sogenannte Zweitmarktfonds aus. Ihnen ging es jedoch nicht um die Anleger, denen sie es ermöglichen wollten, ihre Anteile für einen ordentlichen Gegenwert zu verkaufen – sondern natürlich um Neugeschäft und um die Stützung ihrer eigenen Interessen. Auf diese Weise stieg manches Emissionshaus später zum Marktführer auf. Doch das Prinzip erinnert in manchen Teilen und angesichts der tatsächlichen Nutzung dieser Fonds stark an Schneeballstrukturen.

Bereits lange vor der Krise schufen namhafte Emissionshäuser die Anlageform eines Zweitmarktfonds, bei denen es sich ebenfalls um geschlossene Fonds handelte. Das eingesammelte Eigenkapital wurde allerdings nicht in ein neues Schiff investiert, sondern in mehrere andere bestehende Schiffsfonds. Dabei war vorher nicht klar – so stand es zumindest in den Prospekten –, in welchen konkreten Fonds investiert würde. Der Fondsprospekt berichtete dem Anleger nur von allgemeinen Kriterien und Anlagerichtlinien. Daher spricht man von einem Blindpool, die es auch bei Immobilienfonds gab und gibt.

Solch ein Konstrukt – bei dem ein Blindpoolfonds sein Geld auf mehrere geschlossene Schiffsfonds verteilt, in die wiederum jeweils diverse Blindpoolfonds investieren – konnte natürlich nur innerhalb großer Häuser errichtet werden. Schließlich sollte das Geld in der Familie bleiben. Dabei steckten die Fondsgesellschaften das Geld oft gerade dort hinein, wo es aus Sicht der Emissionshäuser – und womöglich auch der Banken – nötig war, also wo etwa nicht genug Anleger gefunden worden waren: Wie erwähnt, saßen die Emissionshäuser, Reeder und zuallererst die Banken auf Hunderten bestellter Schiffe, die bezahlt werden mussten. Also legte man flugs einen Fonds auf und erstellte sogar einen Prospekt. Gesellschafter der Fondsgesellschaft waren am Ende aber nur die konzerninternen Zweitmarktfonds, für die mitunter bereits Jahre vorher Geld eingesammelt worden war, das scheinbar noch nicht anderweitig investiert war. Auch wenn dieses Instrument kein Kind der Krise und der Schifffahrtsbranche war, kamen sie nun aus Sicht der Schiffsbesteller zur rechten Zeit. Dabei hätte man mit den liquiden Mitteln in den Fonds genau das Gegenteil machen müssen: Zurückzahlen oder zumindest nicht in diese Schiffe investieren, die finanziell oft dem Untergang geweiht waren.

Wie ging es mit dem MS Ostsee weiter?

»Wachsender Welthandel«, »boomende Schifffahrtsmärkte« und »dynamisches Segment der Containerschifffahrt« – an diese Attribute dürften sich die Anleger der »Ostsee« bitter erinnert haben, als sie ab 2008, also nur dreieinhalb Jahre nach der Zeichnung ihrer Anteile, Post der Vielwert Capital AG in den Händen hielten. Denn die rückblickende Analyse in der Leistungsbilanz der Vielwert Capital AG im Jahr 2012 klang wie das Kontrastprogramm zu den optimistischen Versprechungen im Fondsprospekt:

»Die Krise in der Schifffahrt hielt auch im vergangenen Jahr unvermindert an. Die zu Jahresbeginn 2012 aufkeimende Hoffnung auf Verbesserung erfüllte sich nicht. Neben der schwächelnden Weltwirtschaft und dem damit verbundenen Nachfragerückgang sorgten die nach wie vor bestehenden Überkapazitäten in den drei Hauptsegmenten der Schifffahrt, der Container-, Tank- und Bulkschifffahrt, für ein weiteres Absinken der Charterraten. [...]

Die meisten Schiffe schafften es in 2012 nicht mehr, die Betriebskosten, geschweige denn den Kapitaldienst zu erwirtschaften. Gleichzeitig erschwerte die restriktive Kreditvergabe der Banken die Situation beträchtlich, einige Banken haben angekündigt, sich teilweise oder sogar ganz aus der Schiffsfinanzierung zurückzuziehen. Wir befinden uns im nunmehr fünften Jahr der Krise, neben den Anlegerschiffen sehen sich auch viele Reedereien ernsthaft in ihrer Existenz bedroht.«

Trotz »eines exzellenten Fondsmanagements« seien auch »11 unserer Schifffahrtsgesellschaften« betroffen. Darunter war die *MS Ostsee*.

Wie konnte es dazu kommen? Der Charterer hatte Anfang 2008 die erste Verlängerungsoption genutzt und nach Ausbruch der Krise natürlich die zweite verstreichen lassen. Eine Charterrate von 23.750 Dollar am Tag war inzwischen utopisch geworden. Die Charterreederei stieg also vertragsgetreu im Februar 2009 aus. Es konnte ein kurzer Zwischenauftrag akquiriert werden, ab Juni 2009 war das Schiff jedoch ohne Beschäftigung und wurde »aufgelegt«, wie man in der Branche sagt.

Im Oktober 2009 erhielten die Anleger daher einen Brief, in dem sie aufgefordert wurden, »frische Liquidität« bereitzustellen. Es folgte die Darstellung des bekannten Schemas: Investoren sollten Auszahlungen wieder zurückzahlen, und zwar in Höhe von 12 Prozent des Kommanditkapitals, zahlbar in zwei Tranchen. Denn, so hieß es: »Die finanzierende Bank ist weiterhin bereit, die Gesellschaft über Tilgungsstundungen und zusätzliche Fremdmittel zu unterstützen, sie hat dies jedoch auch von einem finanziellen Beitrag der Anleger abhängig gemacht.«

Anleger wurden mit einer »vorrangigen Rückzahlung des Betrages« und mit einer Bonuszahlung von zehn Prozent aus dem Verkaufserlös des Schiffes gelockt – also etwas, was in weiter Ferne lag, sowohl laut Prospekt als auch von der Verfassung des Marktes her, auf dem aktuell niemand ein Schiff kaufen wollte und die Preise für Schiffe im Keller waren. Voraussetzung für eine Auszahlung an die Anleger wäre natürlich auch ein entsprechendes Plus auf dem Konto gewesen.

Zu diesem Zeitpunkt war die Zahlung noch freiwillig, dennoch machte die Vielwert Capital Treuhand sogleich auf die Konsequenzen aufmerksam:

»Die Einwerbung von frischer Liquidität für die Gesellschaft erfolgt zunächst auf freiwilliger Basis. Sofern über diesen Weg kein ausreichender Betrag von den Anlegern bereitgestellt wird, muss davon ausgegangen werden, dass die finanzierende Bank nicht bereit ist, weiteren Tilgungsstundungen zuzustimmen. In diesem Fall wäre die Geschäftsführung der Beteiligungsgesellschaft verpflichtet, zur Abwendung einer Insolvenz der Gesellschaft, die bisher an die Anleger geleisteten Auszahlungen, die gemäß Gesellschaftsvertrag § 12 Ziffer 6. als unverzinsliche Darlehen gewährt wurden, in voller Höhe wieder einzufordern. Sie wären gleichzeitig verpflichtet, diese Auszahlungen einzuzahlen.«

Man konnte es auch als Androhung lesen. Also folgten die Anleger diesem Ansinnen und verabschiedeten zudem auf einer Gesellschafterversammlung im Oktober 2009 das »Restrukturierungskonzept«. Eine andere Möglichkeit erschien ihnen auch nicht aussichtsreicher: »Alternativ käme ein sofortiger Verkauf des Schiffes mit einem – mangels repräsentativer Verkäufe im Markt – völlig ungewissen Veräußerungserlös in Frage. Gegebenenfalls müsste ein erheblicher Abschlag akzeptiert werden, der dazu führen könnte, dass der Veräußerungserlös nicht für die Rückführung des Schiffshypothekendarlehens ausreicht. Auch in diesem Fall wären Sie verpflichtet, Auszahlungen wieder einzuzahlen«, hieß es im gleichen Schreiben.

Die Zahlung verbesserte zwar die finanzielle Verfassung der Fondsgesellschaft, änderte jedoch nicht die Marktlage. Immerhin fand sich aber 2010 für die »Ostsee« ein Charterer. Der allerdings zahlte nicht die in der Wirtschaftlichkeitsrechnung vorgesehenen 19.750 Dollar am Tag, sondern die »marktkonforme Beschäftigungsrate« von täglich 4.995 Dollar und dies auch nur für mindestens 45 Tage statt für die garantierten 360. Das Sterben des *MS Ostsee* wurde also verlängert, obwohl es im selben Anlegerschreiben hieß: »Die Chancen auf eine Markterholung bis hin zu einem Niveau, wie es vor den Krisenzeiten bestand, haben sich gerade in den letzten Wochen deutlich verbessert.«

Doch daraus wurde nichts. Die Bilanz dieses Schiffes war desaströs. In der Leistungsbilanz 2012 der Vielwert Capital AG steht, was aus einer 2005 getätigten Investition von 100.000 Euro, zuzüglich Agio also 105.000 Euro, im Jahr 2012 werden sollte – und geworden ist: 53.000 Euro sollten bis 2012 bereits für das *MS Ostsee* insgesamt ausgezahlt worden sein, tatsächlich waren es null Euro.

Vom 30-Millionen-Dollar-Kredit sollten 2012 genau 61,8 Prozent zurückgezahlt worden sein, in der Realität waren es gerade 29,6 Prozent. Statt geplanten 11,45 Millionen Dollar standen noch 18,9 Millionen Dollar als Kreditschulden in den Büchern.

Im Jahr 2012 erzielte das Schiff nur knapp 3 Millionen Euro Chartereinnahmen statt 5,3 Millionen Euro. Immerhin. Übererfüllt wurde der Plan nur bei den Ausgaben, die 2,7 Millionen Euro statt 2,5 Millionen Euro ausmachten. Damit konnte man ein Betriebsergebnis von gerade einmal 288.000 Euro erwirtschaften. Bis 2012 fuhr das Schiff insgesamt elf Millionen Euro weniger an Chartereinnahmen ein als geplant. Dafür waren die Gesamtausgaben um 3,4 Millionen Euro höher als vorgesehen – obwohl das Schiff viel seltener unterwegs und zwischenzeitlich aus Spargründen auch »aufgelegt« wurde. Bis 2012 fiel das Betriebsergebnis um insgesamt 13,7 Millionen Euro geringer aus, als es den Anlegern im Prospekt versprochen worden war.

Ende 2013 hatten die Anleger schließlich die finale Hiobsbotschaft in der Post:

»Leider müssen wir Sie heute darüber informieren, dass die Fondsgeschäftsführung uns mitgeteilt hat, dass die zuletzt in unseren Schreiben vom 25.09.2013 bereits angedeutete, drohende Insolvenz der MS ›Ostsee‹ Schifffahrtsgesellschaft mbH & Co. KG nicht mehr abzuwenden war.«

Ein »tragfähiges Fortführungskonzept für die Schifffahrtsgesellschaft« war nicht mehr zu finden, die Banken seien zu keinen Zugeständnissen mehr bereit gewesen. Achteinhalb Jahre nach dem Start des Fonds wurden die Investoren darüber informiert, dass das *MS Ostsee* bald verkauft werden sollte. Wer jedoch darauf hoffte, dadurch wenigstens noch einen kleinen Teil seines angelegten Vermögens wiederzusehen, wurde sogleich enttäuscht:

»Da die Verbindlichkeiten der Schifffahrtsgesellschaft wesentlich höher sind als der zu erwartende Verkaufserlös des Schiffes, ist zu erwarten, dass der Insolvenzverwalter gemäß § 172 (4) HGB zur Befriedigung der Gläubiger sowie seiner eigenen Kosten von den Gesellschaftern die in der Vergangenheit erhaltenen Auszahlungen wieder einfordern wird.«

Jene Investoren, die im Rahmen des Restrukturierungskonzeptes 2009 und 2010 Zahlungen geleistet hatten, wurden jedoch nicht weiter zur Kasse gebeten, sofern sie den vollen Betrag zurückgegeben hatten.

Die Abschlussworte des Briefes klingen ganz anders als jene Lobpreisungen vom dynamischen Markt der Containerschiffe aus dem Jahr 2005:

»Wir bedauern die sehr schlechten Nachrichten zu Ihrer Beteiligung. Die seit Mitte 2008 anhaltende Krise auf den Schifffahrtsmärkten hat jedoch die Schifffahrtsgesellschaft so sehr in Mitleidenschaft gezogen, dass zum Schluss die Insolvenz der Schifffahrtsgesellschaft nur noch durch die weitere finanzielle Unterstützung der Gesellschafter und weitreichende Zugeständnisse der finanzierenden Banken hätte abgewendet werden können. Die Insolvenz war somit trotz intensiver Bemühungen aller beteiligten Parteien letztendlich unausweichlich.«

Kapitel 6
Vor Gericht und auf hoher See: Die juristische Aufbereitung

Dass man vor Gericht und auf hoher See in Gottes Hand ist, besagt ein bekanntes Juristen-Bonmot. Doch bei Schiffsfonds können beide »Unsicherheitsfaktoren« auf fatale Weise sogar zusammentreffen.

Der verlustgeplagte Anleger stellt sich selbstverständlich die Frage: Wie erhalte ich mein Geld zurück oder bekomme ich überhaupt etwas zurück? Und wie stehen die Chancen, und wo liegen die Ansatzpunkte? Die Antworten darauf sind einerseits klassisch-juristisch, also ordentliches Handwerk. Diese Punkte möchte ich kurz darstellen, denn sie bilden die Basis für Zivilklagen und gehören natürlich in ein solches Buch hinein. Auf der anderen Seite sehen meine Kollegen und ich aufgrund unserer Praxis in den bisherigen »Lösungswegen« nicht immer Erfolgschancen: allein schon wegen der zum Teil sehr raschen Verjährung und auch, weil die Justiz oft zugunsten der Fondsinitiatoren entscheidet und Erfolg oder Misserfolg vielfach an Beweisfragen hängen. All zu oft scheint zudem wenigstens zunächst die Devise vorzuherrschen: »Der Anleger wollte eine riskante Anlage mit den enorm hohen Renditepotenzialen. Nun verwirklicht sich eben das dabei bestehende ›unternehmerische‹ Risiko«. Dieser oberflächliche und die konkreten Geschehnisse beim Fonds außer Acht lassende Ansatz wird folgerichtig auch von Emissionshäusern, Reedern, Banken und deren Rechtsanwälten in derlei Verfahren gern als einleitende Darstellung zur eigenen Verteidigung verwandt.

Neben dem bereits bekannten *MS Ostsee* der Vielwert Capital AG werde ich in diesem Kapitel ein weiteres Beispiel aus der Tätigkeit meiner Kanzlei vorstellen: den Fonds SFS Water 45 (*Namen geändert*). Die Hintergründe und Schicksale beider Anlageprodukte zeigen idealtypisch auf, was alles schief gehen konnte und auch musste, weil etliche Probleme in die Fonds eingebaut worden waren. Hierzu gehören die Tricksereien, die Durchsetzung reiner Eigeninteressen und das Abkassieren der Anleger zum Vorteil vieler Beteiligter. Einige Vorwürfe werden wie Räuberpistolen anmuten, nach Manchester-Kapitalismus und nicht nach hanseatischer Kaufmannsehre. Doch die Geschäfte auf dem Rücken der Anleger – entlang der gesamten Wegstrecke eines Fonds – haben systematisch so oder so ähnlich stattgefunden und sind leider beispielgebend für das Schicksal hunderter Schiffsprojekte.

Dabei gab es natürlich – bezogen auf andere Fonds – immer auch Ausreißer; auch nach unten, also Fonds, in denen von vornherein mit krimineller Betrugsabsicht gehandelt wurde. Solche Facetten werde ich ebenfalls erwähnen, sofern sie nicht schon in vorangegangenen Abschnitten eine Rolle gespielt haben.

Im Kern werde ich in diesem Kapitel jedoch zwei Ansätze vorstellen, wie wir juristisch den Fondsinitiatoren beikommen möchten. Sie sind nicht gänzlich neu – doch ich habe sie gemeinsam mit Kollegen weiterentwickelt, argumentativ auf den Punkt gebracht und bereits praktisch angewendet.

Dabei geht es uns zum einen darum, dass das Eigenkapital der Anleger in geeigneten Fällen nicht mehr nachrangig – also erst nach den Darlehen der Banken – bedient wird. Der zweite Punkt ist, dass wir die Prospekthaftung auf die Banken ausdehnen möchten. Denn wie bereits angeklungen ist, haben sie ihre Rolle als reine Kapitalgeber in vielen Fällen verlassen und sind de facto und unserer Meinung nach eben auch de jure zu Fondsinitiatoren geworden. Die Banken haben maßgeblich den Betrieb der Fonds bestimmt, wichtige Regeln aufgestellt, die der Geschäftsführer eines Fonds beachten musste, Geschäfte weit vor dem Entstehen des jeweiligen Fonds getätigt, ja sogar Schiffe bestellt und dann teurer weiterverkauft und unterm Strich etliche Fonds entscheidend mitkonzipiert. Daraus ergeben sich Ansätze, die über die übliche Zielgruppe von Klagen – nämlich Emissionshäuser und Reeder – hinausgehen und die Banken einschließen. Außerdem sind die Finanzinstitute in manchen Fällen heute die einzigen Beteiligten, die wirtschaftlich überlebt haben.

Vorwürfe und Tatbestände

Zu Tausenden haben Betroffene in den vergangenen Jahren Emissionshäuser verklagt. Dabei ging es oft um geschönte Prospekte, lückenhafte Beratung oder schlichtweg um fehlende Angaben im Fondsprospekt. Beispiele und Facetten sind endlos, eine entsprechende Liste würde allein ein ganzes Buch füllen: Die Anleger wurden nicht über das Totalverlustrisiko aufgeklärt. Verschachtelungen, Verwicklungen und Geschäftsinteressen der Beteiligten wurde nicht benannt. Die tatsächlichen Kosten blieben im Dunkeln. Ausgewiesene Charterverträge hatten keine reale Beschäftigung, es wurden angeblich falsche Marktdaten zu Prognoserechnungen mitgeteilt und Informationen zu entscheidenden Regelungen und Bestimmungen wurden den Anlegern vorenthalten. Bei der Beratung wiederum wurde angeblich oft nicht über die eingeschränkte Handelbarkeit der Schiffsfondsanteile informiert. Auch wurde die Pflicht zur Nachzahlung – nach einer Ausschüttung – verschwiegen. Oft sind derlei Klagen recht allgemeingültig gefasst und beleuchten weniger die konkreten Geschehnisse des jeweiligen Schiffes beziehungsweise Fonds.

Daneben gab es aber auch krassen Kapitalanlagebetrug: Dieselbestände wurden in der Bilanz falsch ausgewiesen. Es gab fingierte Aufträge, und auch bei den Betriebskosten wurde getrickst. In einem aktuellen Fall wurden Schiffsfarben – die beim Bau oder zur Wartung von Schiffen in großem Stil eingesetzt werden müssen – mit Mengenrabatt vom Reeder eingekauft, aber dann gegenüber diversen Fondsgesellschaften, die jeweils Eigentümer der Schiffe waren, zum Listenpreis abgerechnet. Ermöglicht wurde dies ausgerechnet durch Vertriebsmitarbeiter des Herstellers – der Firma Hempel –, die diese Vorgänge allerdings selbst ans Tageslicht befördert hat. In einem anderen Fall gab eine zum Vertragsreeder der Fondsschiffe gehörende Gesellschaft den *Speed and Consumption Bonus* – den der Charterer für sparsamen Treibstoffverbrauch des Schiffes vertraglich zusagte und auch vergab – nicht an die Fondsgesellschaft und somit die Anleger weiter. In dem Fall wurden fünf bis sechs Millionen Dollar einfach einbehalten, und am Ende waren sie weg.

Prospekthaftung

Sofern es nicht um den zuletzt genannten Betrug geht, ist der Hauptansatzpunkt für einen Anleger die sogenannte Prospekthaftung. Damit ist gemeint, dass die Initiatoren der Fondsgesellschaft gegenüber den Anlegern haftbar sind. Prospekthaftung kommt dann in Betracht, wenn wesentliche

Aspekte des Fondsproduktes nicht ordentlich oder ausreichend in dem veröffentlichten Verkaufsprospekt dargestellt werden. Das können betrügerische Elemente sein, aber auch fahrlässig nicht ordentlich und vollständig aufgezeigte, dabei aber für den Anleger und seine Investitionsentscheidung wesentliche Aspekte.

In diesem Buch interessieren uns zwar eher die Boomzeiten bis 2008, doch der Vollständigkeit halber sei gesagt, dass das Vermögensanlagengesetz von 2012 die gesetzliche Prospekthaftung neu geordnet hat und das Verkaufsprospektgesetz ablöste. Für Ansprüche aus fehlerhaften Verkaufsprospekten, die vor Juni 2012 veröffentlicht wurden – und das dürfte die große Masse sein –, gilt also weiterhin das Verkaufsprospektgesetz. Doch die Veränderung, also Verschärfung, der Prospekthaftung erfolgte gerade vor dem Hintergrund der Finanzkrise. Es war dazu gedacht, das Vertrauen der Anleger in die Finanzmärkte zurückzugewinnen.[131]

Was alles an allgemeinen Risiken in einem Prospekt enthalten sein muss, habe ich vorne beschrieben. Bei der Prospekthaftung geht es im Kern darum, dass Anlegern, die durch den Prospekt unzutreffend, irreführend oder nicht ausreichend informiert wurden, Schadensersatzansprüche zustehen. Dabei haften zunächst die formal so bezeichneten »Prospektverantwortlichen«, was meist das Emissionshaus ist, zum Teil aber auch die Anlagegesellschaft – was die gegenteiligen Interessen schon zur Prospektlegung zwischen Anbietern und Anlegern dokumentiert. Kommt es zu einer Verurteilung, haben die Prospektverantwortlichen die schadhafte Beteiligung des Anlegers zu übernehmen und ihm im Gegenzug die volle Beteiligungssumme zuzüglich gezahlten Agios zu erstatten.

Doch darüber hinaus sind auch die generellen Initiatoren des Prospekts verantwortlich, auch Prospektveranlasser genannt

– also auf gut Deutsch: die Hintermänner als die tatsächlichen Urheber des Verkaufsprospekts. Hierzu zählen unter anderem auch die Gründungsgesellschafter einer Anlagegesellschaft. Prospektverantwortliche und -veranlasser haften heute als Gesamtschuldner, was exakt unserem Ansatz entspricht: Zum Kreis der Prospektverantwortlichen müssen unserer Meinung in meiner Kanzlei nach die Banken gezählt werden – natürlich nur in solchen Produkten, in denen dies konkret der Fall war. Denn im weitesten Sinne sind alle Beteiligten verantwortlich, die die Geschäfte und Geschicke der Fondsgesellschaft mitgestalten. Sie alle haben das Projekt maßgeblich konzipiert und haften somit für eine ordentliche Information der Anleger. Vivian Fuchs meint: »Um als Prospektveranlasser eingestuft zu werden, sind entweder ein erhebliches finanzielles Interesse an der Ausgabe der Vermögensanlage oder ein nicht unerheblicher Einfluss bei der Erstellung des Prospekts erforderlich. Betroffen sind das Management, Initiatoren und Geldgeber der Fondsgesellschaft. Da die Grundlage der Haftung die besondere Vertrauensstellung des beschriebenen Personenkreises ist, mag es verwundern, dass die Voraussetzung nicht etwa die Kenntnis der Anleger von diesen Personen und ihren besonderen Positionen in der Fondsgesellschaft ist. Dadurch wird deutlich, dass sich die Haftungseigenschaft nicht an eine formale Stellung in der Gesellschaft knüpfen lässt. Entscheidend ist vielmehr die tatsächliche Einflussnahme.«[132]

Ich werde gleich vor allem am Beispiel des SFS Water 45 schildern, wie tiefgreifend, unternehmerisch und vor allem kompromisslos die Banken agierten und in die Geschäfte eingriffen, in diesem Fall besonders die German Haven Bank AG (*Namen geändert*).

Wie ergibt sich aber nun eine Haftung? Zentral ist hierfür der Prospekt. Er ist, wie oben beschrieben, die letztlich einzige

Quelle, durch die sich der Anleger über die Anlage, deren Hintergründe, Risiken und Eckdaten informiert. Er macht sich auf diese Weise ein Bild von dem Vorhaben und trifft auf dieser Basis seine Vermögensentscheidung. Maßgeblich für die Haftung der Verantwortlichen gegenüber dem Anleger ist später vor Gericht, was im Prospekt drin steht – und was gegebenenfalls verschwiegen wurde. Geprüft wird dann, was richtig, falsch oder unvollständig gewesen ist, wobei es um die wesentlichen Angaben geht, die wiederum zur Anlageentscheidung geführt haben, und um den Gesamteindruck, den der Fondsprospekt vom Projekt vermittelt hat.

Viele rechtliche Details wären an dieser Stelle noch zu nennen, vor allem auch zu Fristen, Verjährung oder zu der Art und Weise, wie sich das Verschulden der Prospektverantwortlichen definiert. Doch dies würde den Charakter dieses eher nichtjuristischen Buchs zu sehr verändern. Für eine erfolgreiche Klage ist der Zusammenhang zwischen dem Prospekt und dem Erwerb der Fondsbeteiligung wichtig – und zwar dergestalt, dass ein Anleger seine Kapitalentscheidung ohne diesen Fehler, also mit richtigen und vollständigen Informationen, nicht getroffen hätte. Folgt das Gericht dieser Argumentation, so ist Schadensersatz fällig – in der Regel in der Höhe der Einlage zuzüglich des Agios. Hat der Anleger die Fondsanteile mit einem Kredit finanziert, würden im Idealfall auch noch seine Fremdfinanzierungskosten hinzukommen.

Zwei beispielhafte Fonds und Klagemöglichkeiten

In vielen Vertragskonstruktionen von Schiffsfonds verbargen sich für den Anleger wirtschaftliche Risiken, die er ohne eine Aufklärung nicht erkennen konnte. Diese Verabredungen hatten einen wesentlichen Anteil daran, dass große Teile des eingesetzten Kapitals der Anleger schon kurz nach der

Auflage verloren waren. Anhand der beiden Fonds werde ich die üblichen Mechanismen und Mauscheleien darstellen, mit denen Anleger hinters Licht geführt wurden – aber auch aufzeigen, wie alle Akteure und Dienstleister durch eine Fülle von systematischen und teils aberwitzigen Handlungen am gesamten Lebenszyklus eines Schiffes verdienten. Ermöglicht wurde diese Selbstbedienung wiederum einzig und allein durch das eingeworbene Eigenkapital der Fondsanleger, deren Interessen in der Arbeit und Konstruktion der Fonds nur eine nachrangige Rolle spielten. Nachfolgend beschreibe ich also klassische Muster und Firmenverflechtungen beim Aufsetzen von Fonds. Ich schildere, wie gerade sie oft zur Schieflage führten – unabhängig von der Krise – und wie wichtige, ja zentrale Informationen im Prospekt weggelassen wurden, da Anleger sonst schließlich keine Anteile gezeichnet hätten. All dies lässt sich mit dem Oberbegriff »Interessenkollision« auf den Punkt bringen.

Klage: Beispiel *MS Ostsee* der Vielwert Capital AG

Der Fondsprospekt der Vielwert Capital AG zum *MS Ostsee* enthält aus Sicht meiner Kollegen und mir schwerwiegende Fehler, vor allem wurden für Beitrittsinteressenten wichtige Informationen verschwiegen. Wir sehen die Vielwert Capital AG in der Haftung, da enorme Sondervorteile generiert, gezahlt und den Anlegern verheimlicht wurden.

Die Mitteldeutsche Bank AG(*Namen geändert*) wiederum finanzierte – in einem Konsortium mit einer anderen Bank – den Schiffsbau in einer so genannten Bestellergesellschaft und anschließend den künstlich verteuerten Schiffserwerb durch die Fondsgesellschaft, was meine Kanzlei nachweisen kann. Sie sehe ich ebenfalls als schadensersatzpflichtig an. Denn sie unterstützte die Sondervorteile und nahm so die

Schädigung der Anleger in Kauf. Dabei gründet der Schaden auf Vorgängen, die weit vor der Zeichnung und Prospektierung der Vermögensanlage begannen.

Die Bestellergesellschaft des *MS Ostsee* schloss im Oktober 2000 den Bauvertrag über das spätere Fondsschiff ab. Baupreis waren 32,05 Millionen Dollar. Die Finanzierung sollte zuerst über ein Darlehen einer Sparkasse, dann der Mitteldeutschen Bank AG erfolgen. Durch diverse Vertragsänderungen wurde der Kaufpreis nachträglich bis Juli 2004 auf 36,05 Millionen Dollar angehoben. Die Bestellergesellschaft übernahm das Schiff von der Werft im November 2004. Nur rund drei Monate später, im Februar 2005, wurde das Schiff für 44,25 Millionen Dollar an die Fonds-KG, die *MS Ostsee* Schifffahrtsgesellschaft mbH & Co. KG, veräußert und Ende März 2005 abgeliefert. Der Kaufpreis wurde also künstlich erheblich erhöht. Die ursprüngliche Bestellergesellschaft, hinter der der Reeder und Gesellschafter der Backbord Reederei GmbH & Co. KG stand, strich damit einen Veräußerungsgewinn von rund 4,93 Millionen Euro ein.

Gesellschafter der Bestellergesellschaft *Backbord* Bereederungs GmbH *& Co. KG* waren Dieter Leuchtturm (*Namen geändert*) und die Backbord Reederei GmbH & Co. KG. Insgesamt hatte Dieter Leuchtturm damit mehrere Funktionen und Gesellschaftereigenschaften rund um das *MS Ostsee* inne:

– Gesellschafter der Besteller- beziehungsweise Verkäufergesellschaft *Backbord* Bereederungs GmbH *& Co. KG*.

– Gesellschafter und Geschäftsführer der Backbord Bereederungs GmbH, die wiederum Komplementärin der Bestellergesellschaft war.

- Die Backbord Reederei GmbH & Co. KG übernahm später die Bereederung des Fondsschiffs *MS Ostsee* «.

- Die Backbord Reederei GmbH & Co. KG war Gründungsgesellschafterin des Fonds, also der *MS Ostsee Schifffahrtsgesellschaft mbH & Co. KG*.

- Die Backbord Reederei *GmbH & Co. KG* war zudem Gesellschafterin der geschäftsführenden Komplementärin des Fonds.

Wären die Anleger ordnungsgemäß über die wirtschaftlichen Hintergründe dieses geschlossenen Fonds aufgeklärt worden, so hätten sie diese Kapitalanlage nicht gezeichnet. Die Vielwert Capital AG haftet meiner Meinung nach daher für die Prospektfehler aus ihrer Rolle als Gründungsgesellschafterin der Schiffsgesellschaft.

Prospektfehler: Marktentwicklung und Prognosen sowie das Zusammenspiel mit den Klauseln aus dem Darlehensvertrag

Nicht alle relevanten, bei Prospekterstellung zur Verfügung stehenden Daten und Erkenntnisse wurden im Prospekt klar genug dargestellt. So wurde der Containerschifffahrt bescheinigt, dass sie sich im Wachstum befände und weiter wachsen würde. Diese Prognose entspricht jedoch nicht den Anforderungen eines Fondsprospekts. Denn ein wesentlicher, dem Schiffsmarkt eigener und oben als mitursächlich für die Fondspleiten beschriebener Effekt wird vollkommen außer Acht gelassen: Der Schiffsmarkt unterliegt einem historisch nachweisbaren Marktzyklus, nachdem auf eine Phase des Markthochs regelmäßig ein Absturz mit deutlich geringeren Frachtraten folgt. Der Markteinbruch – verbunden mit dem Verfall der Frachtraten – kann in der Regel auf ein Überangebot der Schiffskapazitäten zurückgeführt werden.

Wirtschaftskrisen oder sonstige marktexterne Faktoren wirken dabei lediglich als Katalysator, nicht als Auslöser. Wenn die Frachtraten verfallen, setzt wiederum ein Verdrängungswettbewerb ein, an dessen Ende sich Tonnageangebot und Tonnagebedarf angleichen – herbeigeführt durch weniger Neubauten oder durch die Verschrottung alter Schiffe. Im Durchschnitt dauert ein solcher Zyklus in der Schifffahrtsbranche etwa sieben Jahre.

Die Vielwert Capital AG als erfahrenes Emissionshaus musste bei Prospekterstellung wissen, dass das Schiff in den geplanten 14 Jahren seiner Laufzeit zumindest einen dieser Zyklen mit Hochphase und Markttief vollständig durchlaufen würde – auch wenn niemand den Zeitpunkt der einzelnen Phasen vorhersehen konnte. Dennoch wurden die Erträge aus den täglichen Charterraten als weitestgehend stabil beschrieben, und zwar in Höhe von knapp 20.000 Dollar ab 2008. Nirgendwo wurde im Fondsprospekt für die kommenden 14 Jahre ein Einbruch oder überhaupt nur Rückgang berücksichtigt, der allein schon aufgrund der klassischen Zyklen sehr wahrscheinlich war. Dabei war bei Veröffentlichung des Prospekts im Jahr 2005 bereits ein sichtbares Hoch in der Containerschifffahrt erreicht, sodass mit einem Abfall der Charterraten akut zu rechnen war – und tatsächlich am Markt im Jahr 2005 auch direkt in starker Ausprägung erfolgte, wie das folgende Diagramm (Abbildung 9) zeigt.

Man erkennt anhand dieses Diagramms sehr gut, wie sich die Charterraten in letztlich allen relevanten Größenklassen bei Containerschiffen bis etwa Anfang 2005 in enormem Umfang seit 2002 steigerten, dann jedoch langfristig und heftig fielen.

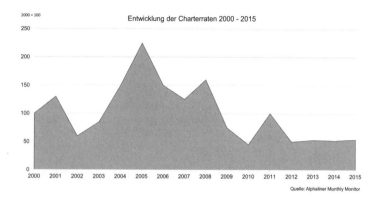

Abbildung 9: Entwicklung der Charterraten 2000 bis 2015, Quelle: Alphaliner Monthly Monitor, März 2015

Setzt die Musterrechnung und Liquiditätsplanung eines Prospektes auf derart gestiegenen Basiswerten an, schreibt sie diese in gewissem Umfang sehr langfristig weiter fort und sind zudem Darlehensklauseln an den Ertrag und den daraus abgeleiteten Wert eines Schiffes geknüpft, wird der Fonds mit seiner Finanzkonstruktion für den beteiligten Anleger zum finanziellen »Ritt auf der Rasierklinge«. Mit einem ordentlichen und wertbasierten »Sachwertinvestment« hat dies dann für den Anleger meines Erachtens nichts mehr gemein – allenfalls für die finanzierende Bank, die ja in der Reihenfolge der Vermögensverwertung als erste bedient werden will und sich von Anbeginn hierzu alle Handlungsmöglichkeiten offenhält.

Prospektfehler: Sondervorteile

Die Backbord Bereederungs GmbH & Co. KG – und damit letztlich auch der spätere Vertragsreeder und zudem mindestens mittelbare Gründungsgesellschafter des Fonds

– generierte einen Zwischengewinn von knapp 5 Millionen Euro durch den Verkauf des von ihr in Danzig bestellten Schiffes. Diese Sondervorteile des Reeders werden aber nirgendwo im Prospekt erwähnt. Doch laut Bundesgerichtshof muss ...

»... einem Anleger für seine Beitrittsentscheidung ein richtiges Bild über das Beteiligungsobjekt vermittelt werden [...]. Erforderlich ist eine Darstellung der wesentlichen kapitalmäßigen und personellen Verflechtungen zwischen einerseits der Fondsgesellschaft, ihren Geschäftsführern und beherrschenden Gesellschaftern und andererseits den Unternehmen sowie deren Geschäftsführern und beherrschenden Gesellschaftern, in deren Hand die Beteiligungsgesellschaft die nach dem Emissionsprospekt durchzuführenden Vorhaben ganz oder wesentlich gelegt hat, und der diesem Personenkreis gewährten Sonderzuwendungen oder Sondervorteile. Dazu gehört auch eine umfassende Aufklärung über Sonderzuwendungen, die den Gründungsgesellschaftern einer Fondsgesellschaft außerhalb des Gesellschaftsvertrages eingeräumt werden.«[33]

Diese Vorgaben des Bundesgerichtshofs sind verletzt worden. Sondervorteile, deren Umfang allein die Hälfte des Anlegerkapitals ausmachten, wurden hier verschwiegen. Allein die spätere Insolvenz zeigt, mit welch knappen Liquiditätsvorgaben kalkuliert wurde. Ein künstlich überhöhter Kaufpreis von mehreren Millionen Euro hat da natürlich den Geschäftszweck gefährdet. Gegen das kaufmännische Prinzip, »Im Einkauf liegt der Gewinn«, wurde hier zulasten der Fondsgesellschaft und ihrer Gesellschafter drastisch verstoßen.

Nun könnte man sagen, dass die Anleger wussten, zu welchem Preis sie das Schiff kauften und wie sich das gesamte

Geschäft darstellen würde, vor allem ausgedrückt durch die Wirtschaftlichkeitsberechnung im Fondsprospekt. Auch könnte man einwenden, dass die Backbord GmbH eben ein normales Geschäft mit der Schiffsbeauftragung und dem späteren Weiterverkauf gemacht hat. Auch dass solch eine Veräußerung geradezu ein Muster darstellt, etwas Branchenübliches, könnte man ins Feld führen. Doch zum einen waren die Anleger in der Regel keine Schiffsprofis, kannten sich also mit den Gepflogenheiten nicht aus. Zum anderen erhielten sie aus dem Prospekt heraus eben kein zutreffendes Bild über zentrale Informationen ihres Anlageobjekts sowie die wahre Interessenlage der Initiatoren und künftigen Mitgesellschafter.

Dabei hat sich der Bundesgerichtshof ausdrücklich mit diesem Konstrukt der Weiterveräußerung befasst, das Verhalten des Reeders, der alle eingebauten Gesellschaften beherrschte, und das Verschweigen seiner Sondervorteile im Prospekt kann man also nicht »mal eben« als geschäftstüchtig abtun:

> »Danach sind Angaben erforderlich über den Gründungsgesellschaftern, Initiatoren und Hintermännern gewährte Sondervorteile. Ein solcher offenbarungspflichtiger Sondervorteil liegt auch dann vor, wenn – wie hier – durch den Zwischenerwerb einer Gesellschaft, an der die Initiatoren beteiligt sind, bei dieser ein Gewinn durch die teurere Weiterveräußerung an die Fondsgesellschaft innerhalb kurzer Zeit anfällt. Dabei spielt es keine Rolle, dass dieser Gewinn bereits vor dem Beitritt der Anleger realisiert wurde. Denn die Gefahr eines Scheiterns eines Anlageobjektes bereits in der Anfangsphase infolge derartiger Kosten besteht unabhängig davon, ob sie vor oder nach einem Beitritt der Anleger entstanden sind.«[34]

Das gesamte Fondsprojekt wurde durch die ungerechtfertigten Auszahlungen der obendrein auch noch exorbitanten Sondervorteile gefährdet. Obwohl sie dazu verpflichtet gewesen wäre, kam die Vielwert Capital AG in ihrem Prospekt den Aufklärungspflichten gegenüber den Anlegern nicht nach. Sie schädigte nach Auffassung aller Kollegen in meiner Kanzlei die Anleger, genauso, wie der Reeder dies tat oder eine solche Schädigung wenigstens »billigend in Kauf« nahm. Die Mitteldeutsche Bank AG wiederum leistete aus unserer Sicht Beihilfe, indem sie die Gewährung der – wirtschaftlich durch nichts gerechtfertigten – Sondervorteile erst ermöglichte durch ihre Finanzierung in der Bestellergesellschaft sowie dann in der Fondsgesellschaft. Dies tat sie auch oder gerade, weil es eine berufstypische Handlung war. Sie war es dann in der Krisenzeit, die von den Anlegern die Ausschüttungen zurückhaben wollte und schließlich über die Insolvenz der Schiffsgesellschaft den Restwert des Schiffes vollständig für sich vereinnahmte.

Nach unserer Meinung müssen also die Anleger so gestellt werden, wie sie ohne die Beihilfehandlung der Mitteldeutschen Bank AG stünden. So wäre aber das Fondskonzept nicht aufgegangen und es wäre nicht zur Beteiligung von Kommanditisten gekommen. Die Rückzahlung der Einlage plus Zinsen ist damit die einzige logische Konsequenz.

Klage: Beispiel *SFS Water 45*

Mit dem *SFS Water 45* aus dem Jahr 2008 wurden Plattformversorger (für Ölplattformen) und weitere Schiffe finanziert. Der Fonds ist ein Paradebeispiel dafür, wie die KG-Strukturen zu Lasten des Anlegerkapitals in bizarrer Weise ausgenutzt wurden – allein im Profitinteresse derjenigen, die gezielt Anlegerkapital einwarben und dies für ihren Gewinn auch unbedingt benötigten. Mit diesem Fonds werde ich vor allem die Rolle der Bank als maßgebliche Initiatorin beschreiben. Diese Rolle hat nichts mehr mit einer rein kreditgebenden Funktion zu tun. Mehr noch: In diesem Fall hat die beteiligte Bank nach unseren Recherchen sogar massiv an vorgeschalteten Verkäufen von Schiffen an die Fondsgesellschaft mitgewirkt und verdient und zwar von Schiffen, die noch nicht einmal fertiggestellt worden waren. Die Bank war damit (jedenfalls mittelbar über beherrschte Zweckgesellschaften) regelrecht Auftraggeberin von Schiffsneubauten. Hinzu kommen abenteuerliche In-sich-Geschäfte mit einer Vielzahl von verschachtelten und wechselseitig miteinander verbundenen Gesellschaften, die wahrscheinlich nur ein formelerprobter Mathematikprofessor verstanden hätte. Dies zeigt erneut, dass das Produkt Schiffsfonds nicht für den Kunden, also für den Anleger, geschaffen wurde – sondern nur, damit die Beteiligten sich die Taschen füllen konnten.

Der SFS-Water-Fonds beteiligte sich also an Schiffen verschiedener Klassen: Tanker und Plattformversorger. Dabei wurden jedoch alle Schiffe über zwischengeschaltete Gesellschaften gemanagt und finanziert. Dies geschah teilweise mit unterschiedlichen Beteiligten, Konditionen und Gesellschaftern – die dann durchaus auch wechselten. So entstand ein komplizierter Verschiebebahnhof – um einmal ein wenig maritimes Bild zu nutzen –, der einzig und allein den Anleger verwirren und kostenpflichtige Dienstleistungen etablieren sollte. Eine Farce. Besonders verwerflich ist die Rolle der Banken, hier der German Haven Bank AG.

Doch der Reihe nach: Als formale Fremdkapitalgeber sind die Finanzierer formal nicht direkt am Erfolg der Anlage beteiligt, sondern erwirtschaften ihren Gewinn aus den Provisionen und vor allem den laufenden Zinsen. Ihr Risiko aus der Darlehensvergabe lassen sich die Banken umfänglich durch

Sicherheiten an den Schiffen und an den Forderungen der Fondsgesellschaft absichern. Weicht der Verlauf der Anlage von der Prognose ab, kann die Bank – anders als der Anleger – nach ihrem Belieben handeln: Sie kann das Darlehen kündigen und das Schiff verwerten oder sie kann Neukapital von Anlegern und Ausschüttungsrückzahlungen von Anleger-Kommanditisten fordern (lassen). Allein der Anleger-Kommanditist ist ausschließlich auf den erfolgreichen Verlauf des Fonds angewiesen. Vorne im Buch hatte ich aufgezeigt, wie sich dabei die Ertragsinteressen darstellen: Die Bank konnte geradezu mühelos eine Eigenkapitalrendite von 150 Prozent und mehr jährlich erreichen – während der »unternehmerisch« und mit vermeintlich hohen Renditeaussichten beteiligte Anleger auf im Schnitt auf die Laufzeit prognostizierten Renditen bei rund 5 Prozent pro Jahr hätte kommen können. Eigentlich legt schon diese Tatsache alles offen.

Die Darlehensverträge räumten hier folgerichtig der German Haven Bank AG weitreichende Rechte ein – die von ihr beauftragten Rechtsanwälte hatten diese sorgfältig formuliert. Zudem hatte die German Haven Bank AG als Finanzierer und indirekter Verkäufer der Plattformversorger eine besondere Rolle im Geflecht der beteiligten Gesellschaften inne. Trotzdem gab es im Prospekt den immer wieder zu findenden Hinweis:

»Die finanzierenden Banken haben das Beteiligungsangebot nicht mit konzipiert und – soweit sie Einblick in die Struktur genommen haben – die Verträge lediglich ausschließlich im Eigeninteresse im Hinblick auf Ihre Interessen als Darlehensgeber geprüft, insbesondere hat sie auch nicht den vorliegenden Prospekt herausgegeben oder geprüft.«

Damit wurden die Tatsachen regelrecht umgedreht, wobei die Aussage zu den Eigeninteressen tatsächlich stimmt.

Im Falle des *SFS Water 45* hat die German Haven Bank AG – bei anderen Fonds waren es andere Banken – ihre Position bei Strukturierung der Fondsgesellschaft genutzt, um in den Darlehensverträgen weitgehende Sonderrechte festzuschreiben. Meine Kanzlei prozessiert in dieser Sache für viele Anleger. Die Darlehensverträge enthalten neben den üblichen Sicherungsmitteln in Form von Hypotheken, Schuldanerkenntnissen und Abtretungserklärungen umfassende Nebenbestimmungen, die weitergehende Verpflichtungen der Darlehensnehmer, also der Schiffsgesellschaften, bedeuten. Diese Regelungen werden als »Covenants« bezeichnet, und sie schreiben für die Schiffsgesellschaften als Darlehensnehmer eine Fülle von Verhaltens- und Unterlassungspflichten fest. Genau das ist ein Grund dafür, warum viele Fonds für die Anleger wirtschaftlich nicht funktioniert haben – aber auch ein Ansatzpunkt für Klagen von Anlegern.

Im Prospekt nicht erwähnt: Darlehensregelungen zu Ausschüttungen

Alle Darlehensverträge für die Schiffe des *SFS Water 45* enthalten beispielsweise eine Klausel, nach der die Ausschüttung von Liquidität an die Gesellschafter an Bedingungen geknüpft ist, die über die Anforderungen aus den Gesellschaftsverträgen weit hinausgehen. Hierzu gehören die Erfüllung des Kapitaldienstes und eine »angemessene« Liquiditätsreserve. Zudem sind Ausschüttungen nur erlaubt, wenn sie den Auflagen der Kreditinstitute nicht entgegenstehen. Allein dies ist erstaunlich, sind doch die Ausschüttungen für den Anleger einer der Hauptgründe für seine Anlageentscheidung. Nicht umsonst wird die attraktive Rendite im Prospekt herausgestellt.

Alle Darlehensverträge beim *SFS Water 45* gehen sogar noch weiter: In den Vereinbarungen für einen Teil der Schiffe heißt es, dass erst ausgeschüttet werden darf, wenn der Kapitaldienst für die Banken für mindestens sechs weitere Monate abgesichert ist. Damit würden prognostizierte Zahlungsraten an die Anleger ausfallen. Laut den Darlehensverträgen für die Plattformversorger musste sogar Geld für zwölf weitere Monate vorhanden sein, bevor Ausschüttungen an die Anleger geleistet werden konnten. Zudem wurde die Fondsgesellschaft verpflichtet, bei einer Ausschüttung von über zehn Prozent der Beteiligungssumme die Hälfte der Summe, die zehn Prozent übersteigt, für Sondertilgungen zu nutzen.

Man muss sich dies noch einmal klar vor Augen halten: Der Anlegerkommanditist bekommt eine Ausschüttung, die – wie wir oben festgestellt haben – im Zweifel über die gesamte Fondslaufzeit von ihm wieder zurückgefordert werden kann. Geht diese über die Prognose aus dem Prospekt hinaus, legt die Bank von Anbeginn fest, dass sie selbst eine Tilgungszahlung in gleicher Höhe bekommt – selbstredend nie wieder rückforderbar.

Im Prospekt nicht erwähnt: Darlehensregelungen schränken Geschäftsführung ein

Daneben beschnitten alle Darlehensverträge die Befugnisse des jeweiligen Geschäftsführers der Gesellschaften drastisch. Diese Regelungen widersprechen teilweise sogar jenen im Gesellschaftsvertrag der Fondsgesellschaft. So sahen alle Darlehensverträge vor,

– dass das Schiff nicht ohne ausdrückliche Zustimmung der Bank verkauft werden dürfe,

- dass für den Austausch der Geschäftsführung eine vorherige Genehmigung der Bank erforderlich sei,

- dass das Recht zur Änderung der Flagge ausschließlich bei der Bank liege und

- dass die Zustimmung der Bank erforderlich sei, falls die Gesellschaft den Chartervertrag ändern oder kündigen wolle.

Doch all diese Rechte werden bereits im Gesellschaftsvertrag als Angelegenheiten der Gesellschaft und somit der Gesellschafter, der Anleger, beschrieben – so wie es ein Gesellschafter, der Eigenkapital investiert, erwarten würde. Nun behielten sich die Banken diese Rechte vor. Vor allem beim Flaggenwahlrecht standen sich die Regelungen aus dem Gesellschafts- und dem Darlehensvertrag diametral gegenüber. Auf der einen Seite sollten es Maßnahmen der Geschäftsführung sein, vorbehaltlich der Zustimmung der Gesellschafterversammlung, auf der anderen Seite sollte nur der Darlehensgeber darüber bestimmen dürfen. Kein Anleger-Kommanditist konnte dies erwarten. »Seine« Gesellschaft würde dadurch schließlich ferngesteuert. Im Gesellschaftsvertrag war für diese – gar nicht vorgesehene und dem Anleger nicht bekannte – Konfliktsituation natürlich keine Lösung enthalten. Anders im Darlehensvertrag: Dort war bestimmt, dass die Bank bei Verstoß gegen eine einzige der vier Regelungen sofort den Darlehensvertrag kündigen konnte. Angesichts der Höhe der Kredite hätte dies die Insolvenz der Schiffsgesellschaft bedeutet.

Diese Regeln waren keineswegs nur Theorie. Als besonders gravierend hat sich in diesem Fall beispielsweise später dann die Klausel zur Zustimmung zum Chartererwechsel für die Plattformversorger herausgestellt: Diese Schiffe waren ursprünglich über die Gesellschaft *Nordsee* an das Unternehmen *Algarve* verchartert – für sich genommen schon eine unglaubliche und für den Anleger teure Verkettung von Charterverträgen. Doch darum soll es hier nicht gehen. Schuldner der Charterraten war zunächst allein *Nordsee*. Dennoch hing die Leistungsfähigkeit von *Nordsee* unter anderem davon ab, dass *Algarve* die Charterraten rechtzeitig und vollständig bezahlte. Nun kam es bei *Algarve* im Jahr 2012 zu wirtschaftlichen Schwierigkeiten, der Subchartervertrag musste beendet werden. In der Folge »konnte« (so die Darstellung den Anlegern gegenüber) aber auch der zwischengeschaltete Charterer *Nordsee* die vereinbarten Charterraten nicht mehr an die Fondsgesellschaft leisten. Also mussten die Charterverträge mit *Nordsee* gelöst werden. Doch trotz dieser prekären Lage forderte die German Haven Bank AG von allen Plattformversorgergesellschaften jeweils eine »Stillhalteprämie« dafür, dass wegen der notwendigen Aufhebung der Charterverträge die Darlehensverträge nicht gekündigt würden. Damit kassierte die German Haven Bank AG allein in diesem einen Fall 200.000 Dollar – und zwar für eine klassische und auch zwangsläufige Geschäftsführungsmaßnahme der Fondsgesellschaft. Für diese 200.000 Dollar, die die Fondsgesellschaften zu zahlen hatten, gab es keinerlei Mehrwert, und diese Maßnahme lag zudem vor allem im Interesse der Bank.

Mit diesen Darlehensklauseln konnte das Geldhaus also beinahe nach Belieben Gebührenzahlungen aus den Gesellschaften erzwingen und obendrein das Vertragsverhältnis nach den eigenen Bedürfnissen beliebig umformen. Die Darlehensverträge gaben den Banken umfassende faktische Geschäftsführungsbefugnisse, und das war offensichtlich von Anbeginn so gewollt.

Im Prospekt nicht erwähnt: Darlehensregelungen zu Schiffsbewertungen

Erhebliche Möglichkeiten, auf die Schiffsgesellschaft Einfluss zu nehmen, erhielten die Banken zudem durch die sogenannten Loan-to-Value-Klauseln, die in allen Kreditverträgen enthalten waren. Diese verknüpfen den Wert des Schiffes dergestalt mit dem ausbezahlten Kredit, dass der Schiffswert einen bestimmten Prozentsatz des jeweils offenen Darlehens nicht unterschreiten durfte – und zwar hier 125 Prozent. Tat er dies dennoch, mussten die Schiffsgesellschaften zusätzliche Sicherungsmittel beibringen oder Sondertilgungen leisten. Erfüllte die Fondsgesellschaft diese Verpflichtungen nicht, konnte die Bank ebenfalls den Kredit sonderkündigen. Wie schon oben aufgezeigt, lagen ausreichende Polster für derlei Sonderzahlungen in den Planungen nie vor. Es lag also im Kalkül der Initiatoren, dass in solchen Fällen Sollbruchstellen entstehen.

Für sich genommen mögen diese Absicherungsregeln nicht unüblich erscheinen. Bei wertstabilen Investitionsobjekten ist damit nicht einmal ein besonders hohes Risiko verbunden. Doch auf dem schwankenden Schiffsmarkt war dies anders: Denn der entscheidende Faktor für die Wertbildung von Seehandelsschiffen ist der zum jeweiligen Stichtag erzielbare Kaufpreis des Schiffes. Er wird vor allem durch den Vergleich mit aktuellen Schiffsverkäufen gebildet. Welchen Preis ein Schiff am Markt erzielen kann, ist wiederum stark davon abhängig, wie sich die Charterabschlüsse entwickeln werden. Nun wussten alle Initiatoren bei der Prospekterstellung, dass der Schiffsmarkt – und damit auch der Wert des Schiffes – über die gesamte Fondslaufzeit hinweg massiv schwanken und in jedem Fall auch ein Wellental durchlaufen würde. Selbst die Fondsinitiatoren gingen davon aus, dass die Charterraten marktbedingt im Verlaufe der Betriebszeit der Schiffe rapide verfallen würden – und nicht nur könnten.

Diese absehbare Entwicklung war unabhängig von akut auftretenden Krisen, sondern würde allein wegen des geläufigen Zyklus auftreten.

Für die mit einer Loan-to-Value-Klausel ausgestatteten Darlehensverträge hat solch eine Periode schwerwiegende Konsequenzen. Allein bei den Tankern konnte ein Werteverfall von 20 Prozent die Loan-to-Value-Klausel verletzen. Doch die üblichen Ausschläge fallen – wie exemplarisch die Chartgrafik zu den Containercharterraten (Abbildung 9) zeigt – wesentlich höher aus. Alle Beteiligten wussten also schon beim Abschluss der Darlehensverträge, dass es zu einem Vertragsbruch kommen würde. Nun kündigte die Bank zwar selten in solchen Fällen sofort. Doch wie sollte man die als Alternative dazu vorgesehenen zusätzlichen Sicherheiten beibringen oder gar Sondertilgungen leisten, wenn der Wertverfall gerade durch die sinkenden Charterraten verursacht worden war? Die Fondsstruktur war also konzeptionell darauf angelegt, dass die Fondsgesellschaften an einen Punkt kommen würden, an dem sie vom Wohlwollen der Bank und/oder weiteren Gebührenzahlungen an diese abhängig sein würden, um den Darlehensvertrag aufrecht zu erhalten. Doch ein Darlehensgeber, der sich selbst in der Struktur des Fonds eine solche Machtposition einräumt, kann nicht mehr als bloßer externer Finanzierer ohne weitergehende Verantwortung gewertet werden.

Mit der German Haven Bank AG als Finanzierer der Plattformversorger ergibt sich eine weitere Besonderheit, die Uneingeweihten wie eine Räuberpistole erscheinen mag – doch auch dies war kein unübliches Muster. Dass Reeder Schiffe in Auftrag gaben und dann teurer an die Fondsgesellschaft verkauften, haben wir bereits gesehen. Doch solch ein Geschäft haben auch die Banken selbst gemacht, so die German Haven Bank AG indirekt bei den Plattformversorgern.

Über ein Geflecht von Firmen kaufte die German Haven Bank AG indirekt und gemeinsam mit Partnern Schiffe oder ließ diese einkaufen beziehungsweise bauen. Schon nach einer kurzen Betriebsphase oder gleich nach dem Erwerb ließ sie diese mit Gewinn verkaufen, und zwar mit einer angestrebten Rendite von etwa 13 bis 15 Prozent auf den eigenen Einkauf. Da die Schiffe im Falle des *SFS Water 45* noch gar nicht fertiggestellt worden waren, verkaufte die German Haven Bank AG über Tochtergesellschaften Bauverträge – und finanzierte gleichzeitig auch den letztendlichen Käufer, also die Fondsgesellschaft. Auch dieser Umstand zeigt, wie weit die German Haven Bank AG über die Funktion eines unabhängigen Darlehensgebers hinausging. Zudem wusste also die German Haven Bank AG lange vor Prospektauflage von den Werten und aufgerufenen Preisen der Schiffe. Denn sie hatte bereits zwei Jahre vor Auflage des *SFS Water 45* in die Schiffsgesellschaften der Plattformversorger als »Darlehensgeberin« investiert.

Soweit die rein sachliche Darstellung, an welchen Stellen die German Haven Bank AG hier die Hand aufhielt. Nun kommt die juristische Argumentation: Damit der Verkauf der Schiffe gelingen und wiederum auch erfolgreich finanziert werden konnte, musste Fondskapital von Anlegern eingeworben werden. Gleichzeitig wusste die German Haven Bank AG, dass es schwierig werden würde, einen Fonds zu vertreiben, bei dem ordnungsgemäß über die Risiken und derlei Verteuerungen von Schiffen aufgeklärt würde. Denn das hätte sich nicht nur negativ auf das Darlehen ausgewirkt, mit dem der Kauf der Bauverträge finanziert wurde. Es hätte auch Wirkung auf den vorab getätigten Weiterverkauf der Bauverträge an den Fonds selbst gehabt, den die German Haven Bank AG über Zweckgesellschaften maßgeblich beeinflusst hatte.

Damit erfüllte die German Haven Bank AG neben ihrer Rolle als Darlehensgeberin gleich mehrere weitere Funktionen:

Zunächst profitierte sie von den Verkäufen der Plattformversorger/der Bauverträge an die Fondsgesellschaften. Zusätzlich verdiente sie an diesen Verkäufen Geld, da sie die Kaufverträge finanzierte. Gleichzeitig äußerte sie sich öffentlich als Experte des Schifffahrtsegmentes und sprach sich dort etwa zeitgleich mit dem Vertrieb des Fonds *SFS Water 45* gegen eine Investition in die Schiffsklasse der Tanker aus – obwohl diese ein Standbein dieses Schiffsfonds waren. Schließlich steuerte sie als faktische Geschäftsführerin die Gesellschaften, die das Eigentum an den Plattformversorgern hielten. Die Einflussnahme geht damit weit über die Rolle eines klassischen Darlehensgebers hinaus. Als Folge kann daher auch die Haftung nicht mehr nur der eines bloß externen Darlehensgebers entsprechen.

Haftung der Bank als Hintermann

Auf dieser Grundlage ergibt sich für die German Haven Bank AG nach Auffassung meiner Kollegen und mir eine Haftung als »Hintermann«, denn sie war maßgeblich am Fonds beteiligt und lenkte die Geschicke des Fonds. Wie erwähnt: Die German Haven Bank AG ging mit den sich selbst eingeräumten Berechtigungen weit über das Maß hinaus, das von einem Darlehensgeber erwartet werden kann. Denn sie bekam durch die Finanzierung Zugriff auf die Schiffe, verdiente mehrfach an deren Anschaffung und Weiterverkauf, gestaltete mit den Klauseln und Nebenabreden die Darlehensverträge nach Belieben und räumte sich auf diese Weise letztlich alle Rechte auf eine eigene Geschäftsführung des Fonds ein.

Interessanterweise steht das robuste Engagement der Banken bei Schiffsfonds im Gegensatz zu jenem bei früheren Immobilienfonds, bei denen Banken die Anleger früher oft direkt finanzierten, dort also eine sogenannte Außenfinanzierung übernahmen. Bei Immobilienfonds wurde der Anleger seinerzeit direkt Vertragspartner der Bank, genoss umfassende Verbraucherschutzvorschriften und kannte die Darlehensbedingungen – ja er konnte sogar begrenzt Einfluss darauf nehmen. Bei diesen Konstruktionen haben die Banken zahlreiche juristische Probleme bekommen, die letztlich immer an der direkten Vertragsverbindung zum Anleger lagen. Bei der Innenfinanzierung – also bei Schiffsfonds der heute gängigen Machart – wird der Anleger dagegen nicht nur vor vollendete Tatsachen gestellt, sondern er wird noch nicht einmal über den vollständigen Inhalt der Darlehensverträge informiert, denen er sich via Beteiligungsgesellschaft unterwirft. Gleichzeitig will die Bank alle Gläubigerschutzvorschriften für sich nutzen, obwohl die Fondsgesellschaft faktisch sowieso nichts ohne die Bank entscheiden kann. Juristisch möchte die Bank dank fehlender direkter Vertragsverbindung zum Anleger keine Haftung bzw. Risiken in diesem Verhältnis tragen.

Ein Gläubiger, der mit derartigen Rechten ausgestattet ist, überschreitet damit die vom Gesetzgeber beabsichtigten Möglichkeiten eines traditionellen, externen Gläubigers. Im Falle des *SFS Water 45* schuf die German Haven Bank AG sogar mit dem Verkauf der Plattformversorger selbst ein Geschäft. Unter diesen Voraussetzungen kann sie unserer Meinung nach nicht mehr als gewöhnliche Gläubigerin gelten. Sie steuerte die Fondsgesellschaft von Anbeginn an – und noch bevor überhaupt angefangen wurde, Anleger einzuwerben. Und ihr lagen umfassende Hintergrundinformationen zum Fonds vor.

Die Schlussfolgerung ist eindeutig: Anleger haben einen Schaden erlitten, der durch die übermäßige Einflussnahme der Banken (mit-)verursacht wurde. Von der Geschäftsführungsbefugnis der Schiffsgesellschaften – die von den Anlegern vorausgesetzt worden war – blieb nicht viel übrig. Die Banken konnten beliebige Forderungen stellen und nutzten ihre Machtstellung aus. Den Schiffsgesellschaften sollte gerade genug Kapital verbleiben, um den Schiffsbetrieb zum Vorteil der Bank fortsetzen zu können. Nicht nur sorgte die German Haven Bank AG dann später zusätzlich dafür, dass die – bereits durch Schiffshypotheken und umfassende Abtretungen gesicherten – Darlehen über Kreuz mit den Hypotheken und Einnahmen der jeweiligen Schwesterschiffe gesichert wurden. Es sollte ein Automatismus zur Abführung der liquiden Mittel zugunsten der Bank geschaffen werden, der zunächst vollkommen unabhängig von den tatsächlich nötigen Mitteln zu jedem Zeitpunkt für jedes Schiff nur Restliquidität in Höhe von 400.000 Dollar belassen sollte. Gleichzeitig wurden Gebühren für völlig normale, notwendige Geschäftsführungsmaßnahmen erhoben.

Wenn die Bank sich selbst solche überbordenden, zur Darlehenssicherung nicht erforderlichen Rechte einräumen lässt, kann man nicht mehr von einer schützenswerten Gläubigereigenschaft ausgehen. Vielmehr ergibt sich daraus eine Haftung der Bank gegenüber den Fondsanlegern. Denn die Anleger waren und sind die einzigen Beteiligten, die Eigenkapital in erheblichem Umfang im Fonds investierten und riskierten. Sie sind weitaus schützenswerter als die »nur darlehensgewährende« Bank. Dies sind juristische Wertungsfragen, und die Rechtsprechung ist gefordert – Rechtsprechung soll die Wirklichkeit behandeln und nicht etwa standardmäßig allein formale Darstellungen aufgreifen.

Trotz alledem oder besser wohl gerade wegen dieser Rahmenbedingungen war die German Haven Bank AG darauf erpicht, den Eindruck eines weitestgehend unbeteiligten Dritten zu erwecken. Dieses Bild entsprach jedoch in keiner Weise den Fakten. Ihr Verhalten ist nichts anderes als eine Beteiligung an Vorgängen, die zu einer Initiatorenhaftung führen. Wer eine maßgebliche Rolle auf Ausgestaltung und

Schicksal eines Fonds ausübt, muss auch für fehlerhafte beziehungsweise ungenügende Kapitalmarktinformationen in den Prospekten einstehen. Wenn Anleger die Hintergründe des Fonds gekannt hätten, hätten sie keinesfalls Fondsanteile gezeichnet. Die German Haven Bank AG haftet daher in unseren Augen als Hintermann – so wie ein sonstiger Fondsinitiator auch. Sie hat den (klagenden) Anleger so zu stellen, als wäre das schädigende Ereignis – also die Zeichnung des Fonds – nie geschehen. Das bedeutet, dass sie gemeinsam mit den anderen Fondsinitiatoren verpflichtet ist, den Anlegern die Beteiligungssumme zu erstatten, und zwar zuzüglich Agio.

Als besonders gravierend sehe ich die Geschehnisse um die Schiffskaufverträge der Plattformversorger an. Hier wurden in hohem Maße Zwischengewinne realisiert, ohne dass im Prospekt darauf hingewiesen worden wäre. So trat die German Haven Bank AG bei den Plattformversorgern als (indirekte) Verkäuferin der Schiffe bzw. Bauverträge auf und finanzierte wiederum die Käufer. Dabei wurden durch den Weiterverkauf pro Plattformversorger mehr als 5 Millionen Dollar Gewinn vor Kosten und Steuern erzielt (17,95 Millionen Dollar Einkauf, 23,05 Millionen Dollar Verkauf). Dieses Geschäft findet im Prospekt jedoch keinerlei korrekte Erwähnung – und auch nicht, dass die German Haven Bank AG gleichzeitig auf Seiten des Verkäufers und des Käufers auftrat. Tatsächlich wird im Prospekt in einem Satz erwähnt, dass ein kleiner Zwischengewinn bei einer zwischengeschalteten GmbH & Co. KG erzielt wurde – und zwar von 50.000 Dollar pro Schiff statt der nochmals in anderen Zweckgesellschaften generierten 5 Millionen Dollar, die es in Wirklichkeit waren. Dieses Geschäft wurde also nicht nur verschwiegen, sondern dazu gesellte sich eine – so sehen wir dies – dreiste Lüge. Dabei befanden sich die Schiffe zum Übertragungszeitpunkt noch im Bau.

Dieser nicht prospektierte Zwischengewinn ging einzig zu Lasten der Fondsgesellschaften – und hätte einen Anleger von einem Engagement abgehalten, wenn er gewusst hätte, dass er mit seinem Eigenkapital einen sofortigen Zwischengewinn von insgesamt 20 Millionen möglich macht. Denn dieses Geld reduzierte sofort den Wert der Fondsgesellschaft. Der Betrag entsprach allein etwa 33 Prozent des von den Anlegern eingebrachten Eigenkapitals. Wenn solch hohe Anteile des Eigenkapitals ausschließlich für Gewinne der Fondsinitiatoren – neben den ohnehin hinzukommenden sonstigen Kosten der Fondsgestaltung und Fondsplatzierung bei Anlegern – genutzt werden, hat dies Auswirkungen auf den Erfolg des Fonds und ist damit eine Information, die nach meiner Auffassung den Anlegern mitzuteilen ist. Denn nicht nur floss ein Teil des Eigenkapitals in ein verteuertes Schiff, der überhöhte Kaufpreis schmälerte auch die Renditechancen beim Verkauf des Schiffes. Wenn bereits im Einkauf ein Aufschlag von 5 Millionen Dollar anfällt, kann diese Lücke bis zum Verkaufszeitpunkt kaum wieder aufgeholt werden.

Die Anleger hätten daher über die Umstände zum Kauf der Plattformversorger aufgeklärt werden müssen. Nur dann hätten sie eine fundierte Entscheidung darüber treffen können, ob sie in einen Fonds investieren wollten, in dem die Bank eine Doppelrolle einnehmen würde und die Renditechancen von vornherein geschmälert sein würden, weil Gründungsgesellschafter und Bank »unter einer Decke steckten«.

Zwischenfazit

SFS Water 45 und *MS Ostsee* zeigen also, dass eine erfolgversprechende Klage möglich ist: zu Ansprüchen gegenüber den Gründungsgesellschaftern, Initiatoren und Hintermännern auf Schadensersatz, weil sie ihre Aufklärungspflichten verletzt und einen fehlerhaften Prospekt herausgaben:

- Alle waren an der Konzeption und Umsetzung eines Fondsprojektes beteiligt, dessen Prospekt die Anleger nicht ausreichend über die Risiken und Chancen des jeweiligen Fonds aufklärte.

- Die im Prospekt dargelegten Zahlen und Fakten waren teilweise unvollständig und spiegelten nicht den aktuellen Stand der Entwicklungen wieder.

- Die zitierten Schiffswertgutachten nutzten für ihre Bewertungen Zahlen, die zum Teil nicht mit den Prospektdaten übereinstimmen, oder stellten Behauptungen ins Blaue hinein auf.

- Über die Inhalte nahezu aller entscheidenden Vertragsgrundlagen des Fonds wurden die Anleger im Dunkeln gelassen.

- Eine werthaltige Platzierungsgarantie lag meiner Meinung nach nie vor, da der Garantiegeber zu keinem Zeitpunkt in der Lage war, die versprochenen Garantien einzulösen.

- Es wurde nicht auf die umfassenden Zusatzklauseln der Darlehensverträge hingewiesen, die die Geschäftsführung deutlich beschnitten.

- Die Banken nutzten ihre Vormachtstellung indem sie festschrieben, dass sie faktisch über alle wesentlichen Entscheidungen der Gesellschaft bestimmen konnten. Hauptdruckmittel – das erfolgreich eingesetzt wurde – war dabei die sofortige Fälligstellung des Kredits. Dies war oft aus Sicht der Bank das Mittel der Wahl.

- Ebenfalls wurden den Anlegern Risiken zu den geschlossenen Charterverträgen verschwiegen. Drittgläubiger konnten und können die Schiffe nach geltendem Recht jederzeit für Forderungen gegen den Charterer arrestieren lassen und die Gesellschaften auf diese Weise in die Gefahr einer Insolvenz bringen.

- Schließlich ließen sich die Beteiligten über die Kauf-/Bauverträge selbst erhebliche Zwischengewinne zukommen – ohne dies im Prospekt darzustellen. Die Differenz zwischen Bauvertrag und Kaufvertrag betrug jeweils rund fünf Millionen Dollar, die in die Taschen der Beteiligten flossen. Allein dadurch entstanden den Fonds Mehrkosten in Millionenhöhe, über die der jeweilige Prospekt meiner Meinung nach hätte informieren müssen.

Alles in allem war die German Haven Bank AG beispielsweise beim *SFS Water 45* omnipräsent: schon bei Abschluss der Bauverträge, beim Verkauf der Plattformversorger an die Fondsgesellschaften und schließlich als Darlehensgeberin. Mit dieser Machtposition war sie faktisch Geschäftsführerin und drängte sich entsprechend in den Vordergrund. Sie schuf letztlich das gesamte Anlageprodukt »Fonds«, indem sie die Bauverträge schloss und die gesamte Finanzierungslinie bis hinunter zum Fonds aufbaute und steuerte. Daraus ergibt sich aus unserer juristischen Sicht in meiner Kanzlei ebenfalls eine Haftung auf Schadensersatz.

Kapitel 7
Die wahren Kapitäne: Die Banken und ihre zweifelhafte Rolle

Wie erging es den Banken denn eigentlich im Laufe der Krise? Der Darlehensbestand deutscher Banken bei der Schiffsfinanzierung lag 2009 bei 106 Milliarden Euro, nach 106,9 Milliarden Euro im Jahr 2008 und 92,9 Milliarden Euro im Jahr 2007.

Aus Abbildung 10 wird ersichtlich: Den ersten Platz nahm die HSH Nordbank AG mit 29 Milliarden Euro (2007: 28 Milliarden Euro) ein. Das entsprach 17 Prozent der Bilanzsumme. Auf den zweiten Platz gelangte die KfW IPEX mit 14,2 Milliarden Euro (2008: 14,7 Milliarden Euro), was sogar 29 Prozent der Bilanzsumme ausmachte (vgl. Abbildung 11). Die Deutsche Schiffsbank AG erreichte den dritten Rang mit 11,6 Milliarden Euro Darlehensbestand (2008: 11,9 Milliarden Euro), womit sie ob ihrer Spezialisierung den Rekordanteil von 71 Prozent an der Bilanzsumme hielt. Dabei hatten sich ihre Auszahlungen gegenüber 2007 mehr als halbiert, bei allen deutschen Banken reduzierten sie sich auf rund die Hälfte.[135] Noch im Jahr 2008, als vermeintlich niemand die Krise kommen sah, hatten die Banken hohe Zusagen für frische Kredite gegeben: Die HSH Nordbank AG über 10,3 Milliarden

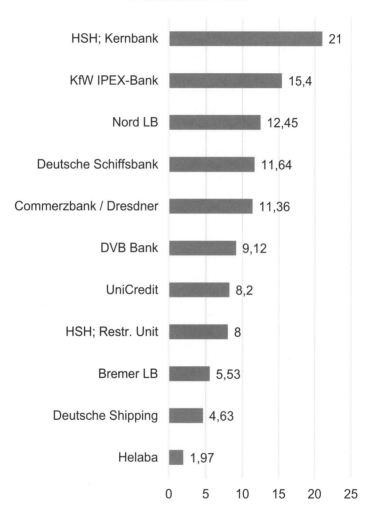

Abbildung 10: Volumen der Schiffskredite im Jahr 2009

Euro, die KfW IPEX über 4,2 Milliarden Euro und die Deutsche Schiffsbank AG über 4,6 Milliarden Euro.[136] Wir gehen allerdings davon aus, dass ein hoher Anteil dieser »Neukredite« lediglich Folgekredite in der Endfinanzierung für früher – etwa in 2006 und 2007 – bei den Werften in Auftrag gegebene Schiffe und deren Baufinanzierung darstellte. Dies war aus Sicht der Banken bei der geschaffenen Finanzierungsstruktur eben die nahezu einzige Lösung, um nicht selbst und sofort gewaltige Ausfälle direkt mit den Bauzeitfinanzierungen festzuschreiben.

Mit dem Stand 2010 war die HSH Nordbank AG für die Finanzierung von 3.000 Schiffen verantwortlich (Darlehensbestand und Neuvergabe von Krediten), das waren dann immerhin schon 200 weniger als ein Jahr zuvor. Die KFW IPEX engagierte sich 2010 in 700 Schiffen.

Dabei fuhren 40 Prozent der von deutschen Banken 2010 finanzierten Schiffe für deutsche Eigner, drei Viertel des Anteils entfielen auf Europa inklusive Deutschland. Jedoch gab es starke Schwankungen, da einzelne Spezialbanken ausgesprochen international agierten, wie die aufgeführten Beispiele zeigen. Bei der DVB etwa lag der Auslandsanteil im Jahr 2010 bei 95 Prozent.[137] Es reicht ja schließlich für den Auslandsbezug aus, wenn in der Bauphase beispielsweise eine ausländische Zweckgesellschaft als Kreditnehmer fungiert, hingegen nachher laut Planung für den Betrieb des Schiffes eine deutsche Gesellschaft verantwortlich ist.

Die einschlägigen Schiffsbanken hielten sich bis Ende 2010 noch erstaunlich gut. Neben dem offenkundigen Missstand, dass ihnen ein Großteil der Zinsen und Kredite nicht zurückgezahlt wurde – auch, weil sie diese bewusst nicht vertragsgetreu einforderten –, machten ihnen die gesunkenen Marktwerte der Schiffe zu schaffen. So fiel der Wert ihrer

Sicherheiten drastisch und das Verhältnis von Kredit zum Schiffswert (Loan-to-Value) verschob sich massiv. Die strenger gewordenen Eigenkapitalanforderungen konnten sie damit mitunter nicht mehr erfüllen. Deshalb mussten die faulen Kredite verschoben werden.

Bankenregulierungen und Vorschriften zwangen die Banken, das bestehende Kreditportfolio bilanziell auszugliedern und abzuwickeln. Hinzu kamen gestiegene Eigenkapitalvorschriften. Kredite für Schiffe wurden gekündigt. Es kam dann fast immer zur Insolvenz.[138] In diesem Fall war der »alleinige Zugriff auf Hypotheken möglich«, von dem Uwe-Carsten Wiebers von der KfW schwärmte. Möglich war zumindest der erstrangige Zugriff, bis hin zu Rückforderungen von Ausschüttungen gegenüber den Anlegern. »Zeitgleich stellt das bisher finanzierende Kreditinstitut ein neues Schiffshypothekendarlehen zur Verfügung. Das Asset wird im Portfolio gehalten und ein späterer Verkauf bei sich verbessernden Marktverhältnissen ermöglicht dem Kreditinstitut eine weitere Verlustreduktion«, erklärt Fachmann Jürgen Dobert den nächsten Schritt und Finanzkniff.[139]

Denn freilich wollten und mussten die Banken weiterarbeiten. 2010 jedenfalls standen die Banken dem Neugeschäft wieder positiv gegenüber. Beispielsweise hatte die KfW IPEX Bank 2010 einen höheren Darlehensbestand als ein Jahr zuvor. Man könnte auf den Gedanken kommen, dass dies eine logische Folge war: Inzwischen war das Kapital der Anleger in den Schiffsgesellschaften in den Jahren von 2009 bis 2010 nach und nach verbraucht und Tilgungen – und bisweilen auch Zinsen – wurden von den Banken zunächst noch gestundet. Dies erhöhte die Gesamtsumme der Forderungen aus bestehenden Darlehen. »Neues« Darlehensgeschäft kam dann weiter hinzu, unter anderem über einen Weg, den ich gleich beschreiben werde.

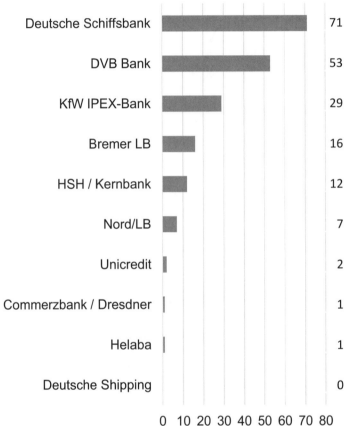

QUELLE: HANSA Internationale Maritime Journal

Abbildung 11: Engagement der verschiedenen Banken in Schiffskrediten im Jahr 2009 (in Prozent der Bilanzsumme)

Daneben suchten sie sich neue Marktfelder, etwa im erwähnten Offshore-Bereich. Doch die Gesamtstrategie der Umstrukturierung ging nicht auf, stellvertretend dafür mag die HSH Nordbank AG stehen. So schrieb das Hansa-Journal im August 2016: »Die schwere Schifffahrtskrise belastet das Ergebnis weiter, auch wenn immer wieder Schiffe und Schiffspakete abgestoßen werden können. Das zeigt sich an der Risikovorsorge, deren Bedarf ›hoch‹ bleibe. [...]. Die unverändert schwierige Entwicklung im Schifffahrtsmarkt führte auch im ersten Halbjahr zu fortgesetzten Restrukturierungsbedarfen für Altkredite.«[140] In den Folgejahren bauten die Banken insgesamt jedoch weiter ihre Schiffsportfolien ab. So hatte die HSH Nordbank AG als einst größter Schiffsfinanzierer der Welt kurz nach der Krise bereits ein Schiffskredit-Portfolio von acht Milliarden Euro auf ihre Bad Bank übertragen.

Auslagerungen von »nicht strategiekonformen Krediten« gab es auch bei anderen Banken, es wurden Summen von ausgelagerten und notleidenden Schiffskrediten in Höhe von insgesamt 20 bis 40 Milliarden Euro geschätzt.[141]

Ich hatte eben den Begriff »Finanzkniff« benutzt. Der Leser wird bei der Vielzahl der letztlich verbundenen Darlehensgeschäfte der Banken ahnen, was kommt:

Über »Sanierungen« war zunächst noch »frisches« Kapital in die Schiffsgesellschaften herein- oder zurückgeholt worden, die zur Zahlung auf das Darlehen vorgesehen waren. Freilich geschah dies, nachdem der Markt schon zusammengebrochen und es zu immer neuen Charterratenausfällen (bezogen auf das gesamte Schiffsportfolio einer Bank) gekommen war. Dies sorgte zum Vorteil der Bank einstweilen dafür, dass das Darlehen weiter »vertragskonform« bedient werden konnte (ich vereinfache bewusst etwas).

Zwischenfazit

Eine ausreichend positive Marktentwicklung hätte einer erheblichen Drehung ins Positive bedurft, allein um die Bank mit ihren Forderungen vollständig bedienen zu können. Diese aber war nicht in Sicht. Die nächste Etappe waren folglich die »Notverkäufe« von Schiffen beziehungsweise die Verkäufe über Insolvenzverfahren, denn von den Anlegern konnte man »freiwillig« nicht mehr erlangen. Das Darlehen oder Teile davon (zum Beispiel der Kontokorrentkredit) wurden nicht voll bedient, so dass diese gekündigt wurden.

In dieser Situation war vielfach und ist bis heute zu beobachten, dass Schiffe über einen solchen Verkauf oder eine gesteuerte Insolvenz aus der Fondsgesellschaft herausgezogen wurden und dieselbe Bank finanzierte dann das Geschäft mit dem neuen Käufer weiter – oftmals wiederum einer reinen Zweckgesellschaft mit Sitz irgendwo auf der Welt, gern Offshore-Zentren.

Schließlich hat(te) die Bank ein starkes Interesse daran, wenigstens einen Teil ihrer Außenstände wiederzuerhalten – und dies ging/geht nur, wenn sie sich Zugriff auf das direkte Eigentum an dem Schiff verschaffte, das freilich (noch) den Anlegern gehörte. Also wurden und werden die Anleger gedrängt, auf einer Gesellschafterversammlung für den Verkauf des Schiffes zu stimmen. Geworben wurde und wird hier nach wie vor allen Ernstes mit dem Attribut »insolvenzfreier Verkauf«. Der Verkauf als Alternative zur Insolvenz sollte suggerieren, dass die Anleger von dieser Lösung irgendeinen Vorteil hätten, was allerdings nicht der Wirklichkeit entsprach. Geld sahen die Investoren in beiden Fällen nicht, nur war die reine Verkaufslösung für die Bank attraktiver, weil damit beispielsweise massiv Geld für den Insolvenzverwalter gespart wurde und mehr für die Bank übrig blieb. Fruchtet(e) der Druck für einen »insolvenzfreien Verkauf« nicht, stellt(e) die Bank den Kredit fällig. Die Fondsgesellschaft konnte natürlich nicht zahlen, woraus sich zwangsläufig die Insolvenz der Fondsgesellschaft und der anschließende Verkauf des Schiffes an einen oft schon längst vorgesehenen Käufer ergab. Finanziert wurde die gesamte Aktion von der Bank, die formal damit einen neuen Kredit schuf, bilanztechnisch den alten aber ablösen und vor allem die Abschreibungssumme mindern beziehungsweise nach Bedarf – jedenfalls in gewissem Umfang – selbst von Fall zu Fall bestimmen konnte. Sie konnte mit diesen Tricks auch die nunmehr strafferen Eigenkapitalrichtlinien erfüllen. Vorteilhaft war und ist es bei dieser Lösung, wenn das Management der Fondsgesellschaft mitspielt(e), das zu diesem Zweck häufig ausgetauscht wurde – ebenfalls auf Betreiben der Bank und mit Leuten aus ihrer eigenen Sphäre. In beiden Fällen sahen die Anleger nichts von ihrem Geld und wurden vor vollendete Tatsachen gestellt.

Die Krise hatten die Banken selbst verschuldet – ja mit ihrem Geld und ihrer Maßlosigkeit nachgerade erst möglich gemacht. Denn sie hatten fast die Hälfe der weltweiten Schiffskredite vergeben. Es ist kein Wunder, dass die Orderbücher der Werften immer praller gefüllt waren und im Laufe der Zeit immer mehr Fonds auf den Markt gebracht wurden, die nicht etwa »nur« ein Schiff betreiben sollten, sondern ganze »Flotten von Schiffen« in einem einzigen Fonds. Dieses Engagement erwies sich – nicht erst im Nachhinein – als ausgesprochen riskant. Nicht nur jene Institute kamen dabei ins Trudeln, bei denen die Schiffsfinanzierung einen hohen Anteil an der Bilanzsumme einnahm, sondern auch andere Häuser. Denn Schiffe waren nicht das einzig marode Geschäftssegment, das zeigte später das Beispiel der HSH Nordbank AG.

Als wären das Gebaren und die Macht der Banken innerhalb der Schiffsfonds nicht schlimm genug, muss also auch noch der Steuerzahler für die Milliarden-Verfehlungen und faulen

Zwischenfazit

Kredite jener Banken zahlen, die sich in Staatshand befinden. Die HSH Nordbank AG etwa gehört überwiegend den Ländern Hamburg und Schleswig-Holstein – und Schleswig-Holstein ist beim Länderfinanzausgleich ein Nehmerland. Im Oktober 2015 gab die EU-Kommission den öffentlichen Anteilseignern der HSH Nordbank AG grünes Licht, bis zu 6,2 Milliarden Euro an notleidenden Schiffskrediten der Bank zu übernehmen.

Und wie wird die HSH Nordbank AG ihre Milliardenschulden wieder los? 2009 wurden zwei Anstalten öffentlichen Rechts geschaffen (eine für jedes Bundesland), an die die Forderungen aus den Krediten übertragen wurden. Als Sicherheiten dienten 256 Schiffe. Die Anstalten zahlten den Kaufpreis (mutmaßlich ohne größere Abschläge), so dass die Bank 2,4 Milliarden Euro erhielt. Daneben wurde die HSH Nordbank AG für weitere 2,6 Milliarden Euro entlastet, und zwar gegen eine Verrechnung mit Verlustgarantie der beiden Bundesländer, so dass die Bilanz um zusätzliche 2,6 Milliarden Schulden entlastet war. Zur Finanzierung des Geschäftes begaben im August 2017 die beiden Anstalten HSH Finanzfonds AöR und hsh portfoliomanagement AöR zwei Schuldverschreibungen (ähnlich Pfandbriefen) über je 2 Milliarden Euro, für deren Rückzahlung die beiden Bundesländer bürgten.

Dabei kommt die Wochenzeitung *Die Zeit* auf noch höhere Summen, die der Steuerzahler berappen muss: »Schon jetzt sind nach einer aktuellen Berechnung des Ökonomen Martin Hellwig mehr als neun Milliarden Euro Staatsgeld in die Bank geflossen. Über 16 Milliarden könnten es insgesamt werden. Optimistisch geschätzt. Das ist mehr, als Hamburg in diesem Jahr für seine Bürger ausgeben wird, für Polizei, Kindergärten, Sozialhilfe, Büchereien, Schwimmbäder, Hochschulen oder Gerichte.«[142]

An dieser Stelle kommt Dr. Werner Marnette als Gastautor zu Wort, der mit seinem folgenden Beitrag seine Sicht und Wertung der Geschehnisse rund um die HSH Nordbank AG darlegt. Von 1994 bis 2007 war Marnette Vorstandsvorsitzender der Norddeutschen Affinerie in Hamburg. In diese Zeit fiel der Börsengang (MDAX) der Norddeutsche Affinerie 1998 sowie sein Sitz im Aufsichtsrat der Hamburgischen Landesbank, die später in der HSH Nordbank AG aufging. Bei der HSH Nordbank AG saß er von 2004 bis 2008 dem dortigen Beirat vor. Daraufhin war er schließlich in der Zeit von Juli 2008 bis März 2009 Minister für Wissenschaft, Wirtschaft und Verkehr in der Landesregierung von Schleswig-Holstein. Von diesem Amt trat er zurück, nachdem seine im Regierungskreis in Schleswig-Holstein geäußerten Bedenken und Kritik am Umgang mit der Unterstützung der HSH Nordbank AG durch den Steuerzahler in der Finanzkrise nicht berücksichtigt wurden.

Die HSH Nordbank und der Betrug am Bürger
Von Dr. Werner Marnette

Lüge, Betrug, Skrupellosigkeit, Inkompetenz, Intrige, Größenwahn, Spekulation, Finanzrisiken, Bilanzfälschung, Verleumdung, Pflichtverletzung, Untreue – alles das sind Etiketten der HSH Nordbank (HSH). Sie stehen in krassem Widerspruch zu den Zielen bei Gründung der Bank im Jahre 2003 durch die Länder Hamburg und Schleswig-Holstein, die damit ihre jeweiligen Landesbanken fusionierten. Das ursprüngliche »nordisch blaue« Logo der HSH, das vom Polarstern geprägt wurde, sollte für »verlässliche Orientierung sowie für hanseatische Fundiertheit und Geradlinigkeit« stehen, Eigenschaften, mit denen sich die neue Landesbank am Markt positionieren sollte. Deshalb gab sich die HSH, obwohl nicht börsennotiert, früh einen eigenen Corporate-

Governance-Kodex und bekannte sich damit zu den international anerkannten Regeln guter und verantwortungsvoller Unternehmensführung. Kurzum: Die Landesbank sollte für den Leitgedanken des ehrbaren Kaufmanns stehen, der in Hamburg und in Schleswig-Holstein besonders gepflegt wird. Die HSH Nordbank war deshalb mehr als nur der Zusammenschluss zweier Landesbanken. Sie stand für eine norddeutsche Bankenvision.

Hamburgs früherer Finanzsenator Wolfgang Peiner (CDU), politischer »spiritus rector« bei der Entstehung der Landesbank und als Aufsichtsrat und späterer Aufsichtsratsvorsitzender mitverantwortlich für deren Untergang, schwärmte 2003[143]: »Wir haben es mit einem Meilenstein zu tun. [...] Dass wir nun eine große deutsche Geschäftsbank [...] haben, ist ein sehr stabilisierender Effekt für den Bankenplatz Hamburg. [...] Das ist ein gutes Beispiel, wie Privatisierungspolitik verantwortungsbewusst laufen kann. [...]«

Doch es kam bekanntlich völlig anders. Innerhalb weniger Jahre entwickelte sich die Bank unter der Aufsicht und Einflussnahme der Hamburger und schleswig-holsteinischen Politik zu einem Paradebeispiel für verantwortungslose und risikoreiche Bankgeschäfte. Sie wurde das Opfer überzogener Renditeziele, die sich im normalen Bankgeschäft nicht realisieren ließen, und geriet so wirtschaftlich an den Rand des Abgrunds. Im November 2008 war die HSH Nordbank schließlich zahlungsunfähig, und ein Verlust in Milliardenhöhe zeichnete sich ab. Die Bank war faktisch am Ende. Trotzdem wurde sie nicht ordnungsgemäß abgewickelt bzw. nicht unter den Schutzschirm des für solche Zwecke eigens 2008 geschaffenen Sonderfonds Finanzmarktstabilisierung SoFFin gestellt.

Gegen jede ökonomische Vernunft fiel bereits im November 2008 in Hamburg und Kiel die politische Entscheidung, dass die HSH ausschließlich von den Ländern Hamburg und Schleswig-Holstein gerettet werden sollte. Der Bund, dessen Bankenaufsicht BaFin und Deutsche Bundesbank dem riskanten Geschäftsgebaren der HSH Nordbank über Jahre zugesehen hatte, ohne einzugreifen, blieb außen vor, obwohl die BaFin die HSH als »systemisch« eingestuft hatte. Noch schlimmer: Die Täter selbst organisierten die Rettung, obwohl sie die Landesbank zugrunde gewirtschaftet hatten: Die Brandstifter übernahmen folglich die Rolle der Feuerwehr.

Es war daher wenig überraschend, dass bei der Rettungsaktion der HSH im Frühjahr 2009 die Regeln eines verantwortungsvollen Managements erneut missachtet wurden, was ich als Minister nicht mittragen wollte: Die Bilanz der HSH wurde schöngerechnet, eine Sonderprüfung verhindert und der tatsächliche Umfang der Bilanzrisiken, an dem die Schiffsfinanzierung einen wesentlichen Anteil hatte, nicht offengelegt. Die beiden norddeutschen Landesparlamente wurden nach meiner Wertung sogar mit Unterstützung hoher Bundesbeamter[144] getäuscht und zur Zustimmung für ein milliardenschweres, aber untaugliches, Sanierungskonzept gedrängt, und zwar ohne Einblick in grundlegende Kennzahlen und Dokumente erhalten zu haben. Ein schneller Sanierungserfolg und die kurzfristige Rückkehr zur Dividendenfähigkeit der Landesbank waren die Argumente für die Zustimmung der Landespolitiker, obwohl beides von vornherein utopisch war. Die verantwortlichen Politiker auf Landes- und Bundesebene glaubten wohl, dass sich milliardenschwere Risiken und faule Kredite in zweistelliger Milliardenhöhe im Laufe der Zeit quasi von selbst erledigen würden, und gewährten milliardenschwere Finanzspritzen und Staatsgarantien. In Wahrheit ließ sich die Politik durch Einzelinteressen, insbesondere aus dem Kreis der maritimen Wirtschaft und Reeder, die bei einer zeitnahen Abwicklung der Bank milliardenschwere Verluste fürchten mussten, massiv unter Druck setzen. Wohl auch deshalb wurden die Hintergründe und Verantwortlichkeiten für diesen Skandal über Jahre in beispielloser Weise vernebelt genauso wie die bereits eingetretenen und noch zu erwartenden finanziellen Folgen. Sie werden wie ein Staatsgeheimnis gehütet. Die Mehrheit der Bürger und Bürgerinnen konnte dadurch ruhig gehalten werden. Auch die Medien berichteten mit den Jahren nur noch oberflächlich und wenig kritisch.

Die Landesregierungen in Hamburg und Schleswig-Holstein änderten selbst dann ihre Strategie nicht, als die Belastungen aus den Kreditrisiken, vor allem aus der Schiffsfinanzierung, immer offensichtlicher wurden. Sie vertrauten, trotz Warnungen, den Geschäftszahlen der HSH, die mit Hilfe der Staatsgarantien geschönt werden durften.

Nach weiteren Jahren der Agonie war die HSH Nordbank spätestens im Jahre 2015 erneut am Ende und wurde nur durch die weitere Unterstützung Hamburgs und Schleswig-Holsteins künstlich am Leben gehalten. Das bilanzielle Eigenkapital war aufgezehrt und die Pleite wäre unabwendbar gewesen, wie bei jedem nicht-staatlichen Unternehmen. Doch es kam im Oktober 2015 zu einer Verständigung zwischen den Landesregierungen Hamburgs und Schleswig-Holsteins und der EU-Kommission[145]. Diese beruhte zwar auf der gemeinsamen Erkenntnis, dass das im Jahre 2009 eingeleitete Sanierungskonzept für die HSH endgültig gescheitert war und die Bank »als im beihilferechtlichen Sinne nicht lebensfähig eingestuft« werden musste. Statt unverzüglich eine geordnete Abwicklung der HSH einzuleiten, entschieden sich die EU, der Bund und die beiden Landesregierungen trotzdem für eine Fristverlängerung von zwei Jahren, um die bereits erkennbaren Haushaltsbelastungen durch eine Privatisierung der Bank Anfang 2018 angeblich zu minimieren. Dabei schreckten sie sogar nicht davor zurück, die Bank und durch sie finanzierte Reeder zu entlasten, indem sie den Bürgern faule Schiffskredite in Milliardenhöhe auflasteten bzw. Schuldenerlasse in dreistelliger Millionenhöhe gewährten.

Das Ende der HSH Nordbank ist seitdem längst eingeläutet und die erschreckende Endabrechnung wird selbst von der Politik nicht mehr in Frage gestellt: Ein Schaden in zweistelliger Milliardenhöhe, der die ohnehin hoch verschuldeten Bundesländer Hamburg und Schleswig-Holstein in ihrer finanziellen Handlungsfähigkeit gefährlich treffen und den Spielraum für öffentliche Investitionen in Infrastrukturen, Schulen, Universitäten, Krankenhäuser zumindest stark beschränken wird.

Die kurze Geschichte der HSH Nordbank ist ein Schurkenstück, in dem überforderte, inkompetente sowie skrupellose Politiker und Banker die Hauptrollen spielten und weiterhin spielen. Aber auch skrupellose Vertreter der Wirtschaft haben ihren Anteil. Doch wer gehofft hatte, dass die Täter zur Verantwortung gezogen würden, wurde spätestens am Ende des Strafprozesses gegen sechs ehemalige Vorstände der HSH Nordbank wegen des Verdachts der schweren Untreue beziehungsweise Bilanzfälschung bitter enttäuscht. Bei diesem im Juli 2013 eröffneten Strafprozess ging es nur um einen einzigen, allerdings schwerwiegenden, Teilaspekt des gesamten HSH-Desasters: Um das Finanzgeschäft »Omega 55« aus dem Jahr 2007 – ein Beispiel für die skrupellosen und risikoreichen Bilanzverschleierungen durch den Vorstand der HSH Nordbank.

Zwischenfazit

> Am 9. Juli 2014 sprach die 8. Große Strafkammer des Hamburger Landgerichts alle sechs Angeklagten mit der Begründung frei, die Angeklagten hätten zwar Pflichtverletzung beim Finanzgeschäft »Omega 55« begangen, diese seien aber »nicht gravierend« gewesen und damit nicht strafbar. »Ein zweifelhaftes Urteil, denn das rechtliche Konstrukt der gravierenden Pflichtverletzung ist umstritten und die Strafkammer begründete am Urteilstag ihre Argumente für die Freisprüche seltsam realitätsfern und teils lapidar«, fasste die Wirtschaftsjournalistin Dani Parthum[146] ihre Eindrücke vom Urteil zusammen und befand: »Die HSH ist nicht einfach ein Opfer der Finanzmarktkrise, auch wenn die Angeklagten nicht müde wurden, sich in dieser Weise zu rechtfertigen. Die HSH ist vor allem ein Opfer ihrer Führungskräfte, der Vorstände und regierenden Politiker in den Aufsichtsräten. [...].«

Zur zweifelhaften Rolle der Banken gehört nicht nur, dass sie enorme Risiken letztlich auf Staatskosten eingingen. Vielmehr überschritten die deutschen in der Schiffsfinanzierung tätigen Institute ihre – ohnehin schon weltweit überragende – Rolle als reiner Kreditgeber bei Weitem. Sie nutzten bewusst und zielgerichtet das für sie und ihre Bedürfnisse geradezu wunderbare deutsche KG-System aus. Sie verschoben Risiken auf die Anleger und konnten – wie aufgezeigt – handeln oder handeln lassen. Das geschah immer hinter geschlossenem Vorhang. Formal zogen sie sich auf ihre Rolle als bloßer und schützenswerter »Kreditgeber« zurück und tun das bis heute. Nicht zufällig – natürlich aus Angst vor rechtlichen Konsequenzen – waren sie nie in den Prospekten erwähnt, obwohl sie maßgeblichen Einfluss hatten und durch vertragliche Vorgaben in vielen Bereichen quasi die Geschäftsführung übernommen hatten.

Der Einfluss der Banken lässt sich an der gesamten Lebenskette absehen. Er begann weit vor der Auflage und der

Fremdfinanzierung des Fonds, nämlich beim Schiffsbau. Sie kannten die gesamte Struktur der Branche, die Preise, Gepflogenheiten, Kommissionen, Gebühren und Erlösmodelle. Sie wussten, dass viele Elemente davon nicht im Sinne der Anleger waren. Denn auch wenn Fonds – hierauf konnte man so wunderbar verweisen angesichts der formalen Grundlagen – eine riskante unternehmerische Anlage darstellten, war doch klar, dass die Anleger sie zu nichts anderem als zur Vermehrung ihres Geldes nutzen wollten. Die Banken nahmen damit innerhalb des Modells – so wie andere Geschäftspartner auch – eine Vertrauensposition ein, die sie zum ordnungsgemäßen Umgang verpflichtete. Nicht umsonst ist in Prospekten immer wieder die Rede von »einer in der Schiffsfinanzierung erfahrenen großen deutschen Bank«. Natürlich sollte dies Vertrauen bei den Prospektlesern schaffen. Man wollte nur eben nicht namentlich genannt sein, um eben nicht schon formal in einer Prospekthaftungsposition zu stehen.

Minutiös wurden in den Darlehensverträgen alle Eventualitäten geregelt, etwa auch die Absicherung von Zinsen und Währungen. Selbstverständlich hatten die Banken dafür auch die richtigen Produkte zur Hand bis hin zu Swaps. Und warum mussten besonders günstige Kredite in Yen oder Schweizer Franken abgeschlossen werden? Zwar waren die Zinsen hier niedriger. Doch holte man sich damit sofort das Risiko von Wechselkursschwankungen ins Haus – und hatte teure Zusatzkosten für entsprechende Absicherungsgeschäfte mit eben den finanzierenden Banken gleich inklusive.

Natürlich hatten auch die Banken ein starkes Interesse am Geschäftserfolg des Schiffes. Indes waren sie – anders als die Anleger – nicht nur auf eine Einnahmequelle angewiesen. Sie finanzierten die Schiffsprojekte von der Wiege bis zur Bahre und verdienten auch an vielen Nebengeschäften. Und sie waren eben bei allen Einnahmen die ersten Nutznießer und konnten früher einmal an Anleger ausgezahlte Ausschüttungen wieder zurückholen.

Große Geschäfte machten sie mit ihren eigenen Schiffskrediten zudem noch gleich am Anfang: Dabei verpackte ein Finanzinstitut seine Kredite für beispielsweise zwei Dutzend Schiffe zu einem Schiffspfandbrief und brachte dieses Finanzprodukt auf den Markt wiederum für Investoren natürlich gegen zusätzliche Erträge für die Emissionstätigkeit. Die nun frei gewordenen Gelder in Höhe der gesamten Kreditsumme konnte das Geldhaus in ein neues Darlehen stecken, um damit erneut eine Kette von Geschäften auszulösen.

Mit diesem Werkzeug aus dem Investmentbanking – das in der Realität über Milliardensummen lief und durch das sich auch kleinste Margen zu hohen Beträgen addierten – wurde die Bank letztlich für diese Kredite das selbst geschaffene Kreditrisiko los. Dieses lag nun bei den Käufern der Pfandbriefe.

Die Banken bestellten also (indirekt) Schiffe, initiierten zu deren Finanzierung am Ende der Kette einen Fonds und schmiedeten dann ein Finanzprodukt, mit dem sie das eigene Kreditrisiko in einigen Fällen auf Dritte übertrugen, nämlich auf die Pfandbrieferwerber. Dabei wussten die Banken permanent um die tatsächlichen und selbst kreierten Risiken der gesamten Anlage.

Solche Banken investierten also in den Markt »Schiffe«, deklarierten dies aber als Darlehen. Aus ihrem Eigenkapital wurde Fremdkapital, das bei der Bedienung der Gläubiger im Insolvenzfall immer bevorzugt wird. Diese Privilegierung ist nicht zu akzeptieren. Warum soll eine Bank mit ihrem Eigenkapital besser gestellt und abgesichert werden, als ein Anleger mit seinem?

Die Banken arbeiteten also aus meiner Sicht mitunter mit Bilanzmanipulationen und versteckten die Risiken. Zudem hantierten sie standardmäßig während der gesamten Zeit mit ganz anderen Möglichkeiten: Bei einer Schiffsfinanzierung von beispielsweise 60 Millionen Euro nutzten sie ein Eigenkapital von gerade einmal einem Prozent, wie ich dies weit vorne im Buch beschrieben habe. Setzt man den Gewinn ins Verhältnis, erzielten sie eine Eigenkapitalrendite von durchaus 150 Prozent jährlich. Die Forderung des früheren Deutsche-Bank-Chefs Josef Ackermann nach einer Eigenkapitalrendite für sein Haus von 25 Prozent, die große Empörung hervorrief, mutet da tatsächlich wie die berühmten Peanuts an.

Nicht die Anleger und zum Teil nicht einmal die Reeder, sondern die Banken übten in vielen Fällen beherrschenden Einfluss aus. Aus dieser neu zu definierenden Rolle der Banken ergibt sich, wie oben beschrieben, nach Meinung meiner Kollegen und auch meiner Ansicht nach ein aussichtsreicher juristischer Ansatzpunkt – neben vielen weiteren juristischen Folgen – auch für eine Prospekthaftung: Denn das deutsche Recht kennt den Gedanken des Hintermannes – und das ist eine Bank, wenn sie so massiv und umfassend Einfluss ausübt, aber ihre tatsächliche Rolle im Prospekt gar nicht erwähnt, geschweige denn, überhaupt nur genannt wird. Die deutsche Rechtsprechung muss daher die Realitäten behandeln und nicht mehr rein dogmatisch denken, als seien lediglich Emissionshäuser und Reeder die Initiatoren. Oft war es ein Dreigespann mit der Bank als maßgeblichem Anführer.

Zwei Dinge müssen sich also ändern:

Zum einen muss die Prospekthaftung in geeigneten Fällen auf die Banken ausgeweitet werden. Hierzu muss sich die

Rechtsprechung wandeln, was wohl nur über entsprechende Klagen bis zum Bundesgerichtshof geht.

Die andere Seite ist die Abwicklung im Insolvenzfall beziehungsweise die Vermögensverteilung bei Liquidation: Formal wird der externe Kreditgeber grundsätzlich vorrangig vor dem Gesellschafter befriedigt. Begründet wird diese Rangfolge vor allem damit, dass der externe Gläubiger keinen Einfluss auf die Gesellschaft ausübt und keine Kenntnisse der Geschäftsvorgänge sowie entsprechende Eingriffsmöglichkeiten hat – anders als eben der Gesellschafter. Daraus folgt eine Schutzbedürftigkeit des Gläubigers – durchaus mit guten Gründen und somit zu Recht. Auf diesen formalen Aspekt berufen sich die Banken, während sie tatsächlich weit mehr Eingriffsmöglichkeiten in die Belange der Schiffsgesellschaften und insgesamt Einfluss sowie eigene enorme Ertragsinteressen hatten und haben als die Anleger. Dies sind die wesentlichen Parameter bei eben der juristischen Wertung zu dem Verhältnis von Eigen- zu Fremdkapital.

Unsere Argumentation: In der Praxis existiert kein Schiffsfonds ohne Fremdkapital (was theoretisch sehr gut möglich wäre). Dabei ist die Bank weit vor den Anlegern aktiv – und übt obendrein einen wesentlich größeren Einfluss aus, während der Anleger an keiner Stelle gestalterisch eingreift und eingreifen kann. Die Bank dagegen ist oftmals in alle Stufen der Fondskonstruktion involviert. Je mehr Einfluss jedoch ein Fremdkapitalgeber auf die Geschicke des Darlehensnehmers hat – und hier in jeder Lebensphase des Fonds und des Schiffes –, desto mehr läuft er Gefahr, dass der juristische Status als »Fremdkapital« nicht mehr zu halten ist. Der Fremdkapitalgeber würde so beim Ausgleich der Forderungen auf einer Stufe mit den anderen Eigenkapitalgebern landen – oder sogar noch dahinter. Eben weil die Bank steuernd eingreift, kann man ihr finanzielles Engagement als Eigenkapital ansehen.

Zwischenfazit

Das Konstrukt der geschlossenen Schiffsfonds war aus Sicht der Anleger allein schon aufgrund der tatsächlichen Rolle der Banken höchst problematisch und riskant. Denn der Anleger hatte ein ganz falsches Bild von der gesamten Unternehmung. Die Zusammenhänge und Hintergründe waren ihm nicht ansatzweise klar. Zudem ging der Anleger davon aus, das Schiff gehöre der Fondsgesellschaft. Dabei war das nur formal der Fall. Tatsächlich hatten die Banken »den Daumen drauf«. Sie hielten gezielt alles in den Händen – und knebelten gleichzeitig das Fondsmanagement, das seine unternehmerische Freiheit an sie abgegeben hatte. Für diese fragwürdige Praxis, bei der der Status als reiner Kreditgeber systematisch aufgegeben wurde, verdienen die Banken keine größere Schutzbedürftigkeit als die Anleger sondern gerade das Gegenteil. Und der Aspekt der Schutzbedürftigkeit ist in der juristischen Begründung für den Vorrang des Gläubigers von zentraler Bedeutung.

Es ist also nicht einzusehen, warum die Banken trotz intensivsten Engagements den direkten und im Grunde alleinigen Zugriff auf das Vermögen haben. Gleichzeitig liegt eine Prospekthaftung vor. In unseren Augen hat der Anleger mit diesen zwei Ansatzpunkten bessere Chancen, einen Teil seines Geldes wiederzusehen, als bei der klassischen Prospekthaftung, die sich nur an das Emissionshaus wendet – mit dem Problem, dass die Ansprüche zum Teil verjährt sind und die Emissionshäuser teilweise auch in die Insolvenz gegangen sind.

Das ist meine Meinung, Wertung und Argumentation. Die Vorteile: Im Hinblick auf die Befriedigung der Ansprüche zwischen Anlegern und Bank gibt es keine Verjährung. Allerdings würde damit die bisherige Politik der Justiz, des Forderungsausgleichs und vor allem des Umgangs mit den Banken auf den Kopf gestellt – oder vielleicht eher: vom Kopf wieder auf die Füße.

Kapitel 8
Fazit

Geschlossene Fonds bilden geradezu den theoretischen Gegenentwurf zu Börsenturbulenzen und Kursschwankungen. Denn das Fondsgeld wird schließlich in ein konkretes »Unternehmen«, sprich in ein Projekt, beziehungsweise eben einen »Sachwert« gesteckt und arbeitet dort losgelöst von Analysten, subjektiven Bewertungen und amtlichen Kursfestsetzungen. Außerdem funktionieren die Fonds unabhängig voneinander und werden nicht – so wie etwa bei Aktien derselben Branche – von anderen Finanzprodukten mit nach unten gerissen. Dies waren und sind wesentliche Attribute derartiger Fondsprodukte jedenfalls nach früherer »Machart«.

Und tatsächlich sieht auch unsere Kanzlei unternehmerische Beteiligungen über beispielsweise die Struktur der GmbH & Co. KG keineswegs als »Teufelszeug« an, sondern vielmehr als sehr gute und flexible Möglichkeit, größere – und auch kleinere – Projekte finanziell interessant zu gestalten. Es kommt aber ganz wesentlich auf die Partner an und zudem darauf, dass tatsächlich die KG und ihre Geschäftsführung die Interessen der Kommanditisten vertreten und wahren. Liegen überwiegende Interessen anderer Parteien vor, können sich die Vorteile leicht in das Gegenteil verkehren. Dies ist bei den Schiffsfonds geschehen.

Die vermeintlichen Vorteile lösen sich in Luft auf, wenn die gesamte Branche eine Blase aufbläht, selbst in schwere See gerät, massive wirtschaftliche Probleme bekommt und die Prognoserechnung nur noch Makulatur ist. Wenn die Realwirtschaft leidet und die zentrale Einnahmequelle wegbricht – mit und ohne Finanzmarktkrisen –, sind geschlossene Fonds als Anlageklasse definitiv kein sicherer Hafen. Zudem halten Neuanleger in ungewissen Zeiten ihr Geld zusammen und legen es dann erst recht nicht in (langlaufenden und eben geschlossenen) Fonds an, so dass die Gesamtkalkulation der Akteure ebenfalls unter die Räder kommen kann.

Geschlossene Fonds haben ihre grundsätzliche Berechtigung, sie funktionieren – allerdings eben bei den in diesem Buch aufgezeigten Strukturen nur unter bestimmten (theoretischen) Annahmen und Umständen, und sie unterliegen natürlich einem unternehmerischen Risiko. Das Wirtschaftsleben folgt eben nicht der Tabellenkalkulation aus einem Werbeprospekt, das wäre ja auch zu schön. Oft wurden nur 60 bis 70 Prozent des Anlegergeldes überhaupt real investiert. Der Rest, oder in manchen Fällen sogar noch deutlich mehr, wanderte, wie geschildert, in die Taschen der Initiatoren, Marktteilnehmer und Dienstleister. Wie aber soll mit solch einem Rückstand und einem solchen Bremsfallschirm eine auskömmliche Rendite erwirtschaftet werden?

Bei geschlossenen Schiffsfonds kamen die branchenspezifischen Zustände, Praktiken und Marktgegebenheiten noch erschwerend hinzu: Banken, Reeder und Emissionshäuser, die nur auf ihren eigenen Vorteil bedacht waren und sind, ja in der Regel den jeweiligen geschlossenen Fonds nur aus Eigeninteresse aufsetzten; und natürlich die wichtigen Marktfaktoren mit der zentralen Charterrate und dem Verhältnis von Angebot und Nachfrage nach Transportkapazitäten – die wiederum von Dutzenden anderer Faktoren abhängig sind und nicht zuletzt von der Weltwirtschaft und der Verfassung wichtiger regionaler Märkte und Branchen.

Rein vom Konstrukt her waren geschlossene Schiffsfonds also bereits eine Anlageform mit großen Defiziten und Nachteilen. Die Branchenverhältnisse, das Ausnutzen der in der Struktur gegebenen Möglichkeiten und schließlich die Verwerfungen im Hinblick auf die Charterrate als Folge der gewaltigen Überkapazitäten kamen verhängnisvoll hinzu.

Die Weltfinanzkrise 2008 ist bald zehn Jahre her. Doch viele Fondsanleger leiden noch immer unter den finanziellen Folgen und Verlusten. Die gesamte Industrie – die Schifffahrtsbranche, Reeder, Emissionshäuser und Banken – hat sich bis heute nicht vollständig von diesem Desaster erholt. Viele Akteure sind vom Markt verschwunden, mussten Insolvenz anmelden oder fusionieren. Andere existieren noch, sind aber nur ein Schatten ihres einstigen Selbst, manche haben sich aufgerappelt und machen munter weiter. Schiffsfonds in ihrer damaligen Form und Größe sind aber praktisch tot.

Die Banken sind dabei ein eigenes Kapitel. Einerseits, weil sie systematisch unsauber und verdeckt neben der reinen Schiffsfinanzierung mitmischten und abkassierten. All dies hat ihnen am Ende aber nicht einmal geholfen. Sie haben sich mit der Schiffsfinanzierung schwer verhoben – mit weitreichenden Folgen schließlich auch noch für den Steuerzahler angesichts einer Investitionstätigkeit der Banken, bei der nur jeder hundertste investierte Euro aus eigenem Kapital stammte. Hinzu kamen fatale Unternehmensentscheidungen auf anderen Gebieten. Vor allem bei den Banken blieb daher kaum ein Stein auf dem anderen. Zu viele Probleme kamen in der Finanzkrise zusammen, und je nach Dimension des Engagements spielten die Schiffskredite eine wichtige Rolle bei ihrem Schicksal.

Obwohl also Banken bei Schiffsfonds mit Krediten und darüber hinaus prächtig verdienten, ist auch ihr Geschäft unterm Strich nicht aufgegangen. Anders als bei den anderen Marktteilnehmern stehen dabei aber nicht private Eigner vor einem Scherbenhaufen, sondern der Steuerzahler. Denn er musste seit 2008 und bis heute massiv einspringen, um die Banken wegen ihres abenteuerlichen Engagements – auch in Schiffen – zu retten. Staatsbanken, Landesbanken und im Falle der Commerzbank AG mit den ihr angeschlossenen Instituten auch Privatbanken haben nur überlebt, weil ihre riskanten Geschäfte und ihre eigene Gier sowie die der Handelnden nach immer höheren Provisionen für neue Schiffskredite am Ende vom Steuerzahler gedeckt wurden. Auf ihn werden die Schulden der Banken abgewälzt – obwohl die Geldhäuser durch die massive Marktbeteiligung sehenden Auges hohe Risiken eingingen und auch heute noch viele kreative Bilanztricks anwenden. Je nach Grad der Verflechtung profitieren übrigens auch Geschäftspartner wie Reedereien mitunter indirekt von diversen Rettungsaktionen durch den Steuerzahler – diverse auch medial aufsehenerregende Forderungsverzichte gegenüber Reedern aus jüngster Zeit zeigen dies.

Die Anleger jedoch stehen zumeist mit leeren Händen da – und ihnen hilft oft nicht einmal die Justiz. Gerichte haben Klagen auf Prospekthaftung und Schadensersatz bislang überwiegend abgewiesen. Sie haben meist damit argumentiert, dass die Anleger gewusst haben müssen, auf welches Risiko sie sich eingelassen haben. Ich sehe das anders: Die Richter haben die zwielichtigen Methoden, dargestellt in diesem Buch, in Teilen nicht verstanden und überspannen bisweilen die Anforderungen an die Nachweise, die die Anleger für Vorgänge vorlegen sollen. Diese Nachweise betreffen teils auch noch Vorgänge, die die Akteure bewusst beispielsweise in Offshore-Gesellschaften ausgelagert haben. Nur in kleinen Teilen sind dank der »Panama-Papers« oder jüngst der »Paradise-Papers« einige Hintergründe ans Licht gelangt. Anleger konnten und können oftmals noch immer diese abenteuerlichen Abläufe, Verwicklungen und Zahlungsströme – die eben auch die Verluste verursacht haben – gar nicht einsehen. Die systematische Vernichtung des Anlegerkapitals ging über ein herkömmliches unternehmerisches Risiko weit hinaus. Jeder, der dies gewusst hätte, hätte sein Geld nicht in die entsprechenden Fonds investiert. Deutsche Gerichte müssen daher umdenken, die Prospekthaftung wegen zurückgehaltener Informationen über die wahren Verhältnisse und Interessen deutlich erweitern und vor allem die Banken als oftmals Hauptverantwortliche und eigentliche Initiatoren der Fonds stärker in die Pflicht nehmen. Zudem ist nicht einzusehen, warum die Bank trotz intensivsten Engagements den ersten und damit oftmals einzigen Zugriff auf das Vermögen der Fondsgesellschaften hat. Das Buch hat daher einige erfolgsversprechende Ansätze und Argumentationen aufgezeigt, die dabei helfen können, Anlegern zumindest einen Teil ihres Geldes wieder zu beschaffen. Dennoch ist es bitter, dass bis heute die Mauscheleien, Machenschaften und Missetaten nicht angemessen aufgeklärt wurden – weder juristisch noch politisch.

Das Schicksal der Schiffsfonds ist ein trauriges, aber idealtypisches Beispiel für eine geplatzte Blase. So oder so ähnlich kann es mit anderen Finanzprodukten erneut geschehen, teilweise passiert es auch heute noch oder schon wieder. Anleger müssen daher besser aufgeklärt werden. Das »stupid german money« sollte es nicht mehr geben. Dazu gehört auch, dass die Komplexität vieler vermeintlich einfach aussehender Produkte und die damit einhergehenden Interessenkonflikte besser herausgestellt werden müssen – so dass allein deswegen schon viele Privatinvestoren die Finger davon lassen oder dass eben diese verwobenen Interessen nicht ein solches Übergewicht bekommen. Gelddruckmaschinen jedenfalls gibt es nicht, zumindest nicht für die Anleger. Sie sind viel zu oft, bis heute, nur die Melkkuh, die den Anbietern Erträge und Provisionen einbringt. Wenn diese Erträge aber die einzige Motivation sind, solch ein Produkt aufzulegen, dann ist etwas faul. Die Öffentlichkeit, vor allem Politiker, die Justiz, Verbraucherschützer und Fachjournalisten, sollten daher ihren jeweiligen Teil dazu beitragen, dass sich solche Milliardenverluste nicht noch einmal wiederholen. Anleger wiederum müssen gewarnt sein, dass sich unternehmerischer Erfolg nicht aufgrund von Excel-Tabellenkalkulationen und Werbeprospekten einstellt – selbst wenn alle Marktteilnehmer ehrbar handeln, was bei Schiffsfonds definitiv nicht der Fall gewesen ist.

Literatur

Fuchs, Vivien: Die Finanzierung eingetragener Seeschiffe durch geschlossene Schiffsfonds unter besonderer Berücksichtigung der gesellschaftsrechtlichen Strukturierung. Berlin 2015

Mundt, Dominique: Geschlossene Schiffsfonds. Eine vergleichende Darstellung anhand von qualitativen und quantitativen Faktoren. Hamburg 2012

Loipfinger, Stefan: Lizenz zum Bauernfang. Die Selbstbereicherungsstrategien der Fonds-Manager und das Versagen der Finanzkontrolleure. Eigenverlag 2008

Lüdicke, Jochen; Arndt, Jan-Holger: Geschlossene Fonds. Rechtliche, steuerliche und wirtschaftliche Aspekte von Immobilien-, Schiffs-, Flugzeug-, Solarenergie-, Private-Equity- sowie Lebensversicherungsfonds und anderen geschlossenen Fondsprodukten. München 2009

Voigtmann, Martin: Geschlossene Fonds. Sachwert-Alternativen ohne Bank & Co. München 2010

Über den Autor

Niels Andersen (*1972 in Itzehoe bei Hamburg) ist geschäftsführender Gesellschafter der von ihm 2009 gegründeten Rechtsanwaltsgesellschaft, die auf die Bereiche Kapitalmarkt-, Gesellschafts-, Insolvenz- und Erbrecht spezialisiert ist. Von 2004 bis 2008 war er als angestellter Rechtsanwalt in verschiedenen Kanzleien tätig.

Die Themen rund um Finanzen, Finanzdienstleistungswirtschaft und Kapitalmarkt bilden seit der Schulzeit den maßgeblichen professionellen Interessenschwerpunkt von Herrn Andersen. Diesen hat er konsequent verfolgt und ausgebaut. Nach dem Abitur absolvierte er eine Ausbildung als Bankkaufmann bei der Deutschen Bank AG in Hamburg. 1994 nahm er das Studium der Rechtswissenschaften an der Christian-Albrechts-Universität zu Kiel auf, das Zweite Staatsexamen legte er 2003/2004 ab.

Langjährige Erfahrungswerte aus der Beratung und Vertretung von Immobilienfondsinvestoren aus den 1990er- und frühen 2000er-Jahren hat Herr Andersen bereits in den ersten Monaten nach dem Zusammenbruch des Investmenthauses Lehman Brothers Holdings Inc. im Herbst 2008 genutzt, um sich in das Thema Schiffsfonds einzuarbeiten. Schnell war klar, dass hier gewaltige Verluste für Investoren drohten. Frühzeitig beriet er so Investoren bei in der ersten Krisenphase anstehenden sog. Sanierungskonzepten und baute das Thema Schiffsinvestitionen zu einem wichtigen Geschäftsfeld seiner Kanzlei aus. Mittlerweile befasst sich Herr Andersen seit rund neun Jahren mit den Themen rund um diese Anlageform und die maritime Wirtschaft.

Anmerkungen

1 *Süddeutsche Zeitung*, 6.12.2015, http://www.sueddeutsche.de/wirtschaft/geldanlage-dubiose-schiffsfonds-mit-vollen-segeln-in-die-pleite-1.2767642
2 Stopford, Martin: »Maritime Economics«, 3. Auflage 2009.
3 Lüdicke, Jochen; Arndt, Jan-Holger: Geschlossene Fonds. Rechtliche, steuerliche und wirtschaftliche Aspekte von Immobilien-, Schiffs-, Flugzeug-, Solarenergie-, Private-Equity- sowie Lebensversicherungsfonds und anderen geschlossenen Fondsprodukten. München 2009, S. 238
4 Hansa International Maritime Journal, http://www.hansa-online.de/2013/04/news/48624/160-insolvenzen-von-einschiff-kgs-seit-2009/?sf_action=get_data&sf_data=results&_sf_s=Schiffsfonds&sort_order=date+desc
5 Feri Research 2008, S.10, in: Lüdicke/Arndt 2009, S. 238
6 *Handelsblatt*, 15.11.2012, http://www.handelsblatt.com/finanzen/anlagestrategie/fonds-etf/schiffsfonds-fondsanbieter-verbreiten-erfolgsmeldungen/7392324-3.html
7 Kapitza, in: Fuchs, Vivien: Die Finanzierung eingetragener Seeschiffe durch geschlossene Schiffsfonds unter besonderer Berücksichtigung der gesellschaftsrechtlichen Strukturierung. Berlin 2015, S. 103
8 Lüdicke/Arndt, 2009, S. 263
9 ebd., S. 260
10 ebd., S. 271
11 DBB Beamtenbund und Tarifunion, https://www.dbb.de/fileadmin/pdfs/2017/zdf_2017.pdf
12 *Die Zeit*, 11/2017, http://www.zeit.de/2017/11/reedereien-schifffahrt-steuern-hsh-Nordbank AG-bernd-kortuem/seite-4
13 *Die Zeit*, 11/2017, http://www.zeit.de/2017/11/reedereien-schifffahrt-steuern-hsh-Nordbank AG-bernd-kortuem
14 ebd.
15 ebd.
16 ebd.
17 Bundesministerium für Wirtschaft, http://www.bmwi.de/Redaktion/DE/Parlamentarische-Anfragen/2017/18-11042.pdf?__blob=publicationFile&v=2
18 http://www.reederverband.de/presse/pressemitteilung/artikel/neue-perspektiven-fuer-deutsche-seeleute-reeder-in-der-verantwortung.html
19 http://www.reederverband.de/presse/pressemitteilung/artikel/bundesregierung-muss-angekuendigte-massnahmen-fuer-die-seeschifffahrt-zuegig-in-kraft-setzen.html

20 Fünfter Bericht der Bundesregierung über die Entwicklung und Zukunftsperspektiven der maritimen Wirtschaft in Deutschland, 8.2.2017, S. 6, http://dip21.bundestag.de/dip21/btd/18/111/1811150.pdf
21 Vereinigung Hamburger Schiffsmakler und Schiffsagenten e.V., in Lüdicke/Arndt, 2009, S. 239
22 Voigtmann, Martin: Geschlossene Fonds. Sachwert-Alternativen ohne Bank & Co. München 2010, S. 182
23 Mundt, Dominique: Geschlossene Schiffsfonds. Eine vergleichende Darstellung anhand von qualitativen und quantitativen Faktoren. Hamburg 2012, S. 13
24 Lüdicke/Arndt, 2009, S. 241
25 Voigtmann, 2010, S. 191
26 Lüdicke/Arndt, 2009, S. 240
27 Mundt, 2012, S. 40
28 Loipfinger, Stefan: Lizenz zum Bauernfang. Die Selbstbereicherungsstrategien der Fonds-Manager und das Versagen der Finanzkontrolleure. Eigenverlag 2008, S. 292
29 ebd.
30 Mundt, 2012, S. 15
31 VGF Verband Geschlossene Fonds e.V.: Offizielle VGF Marktzahlen 2008, S.26.
32 Laut Konzernabschluss 2016 der Ernst Russ AG
33 Prospekt Nordcapital, Schiffsbeteiligung MS E.R. Bordeaux vom 6.8.2010, S. 14
34 Prospekt Atlantic, MS »Benjamin Schulte« und MS »Benedict Schulte«, vom 16.9.2008, S. 65
35 Prospekt CPO Nordamerika Schiffe vom 2.5.2008, S. 60
36 Prospekt CONTI, 177. Schifffahrts-GmbH & Co. Bulker KG, MS »Conti Ametrin«, vom 8.2.2011, S. 14
37 Prospekt Lloyd Fonds AG, MS »Tosa Sea«, vom 27.6.2008, S. 38
38 Fuchs, 2015, S. 5
39 Henning, in: ebd.
40 Hansa International Maritime Journal, http://www.hansa-online.de/2014/07/schifffahrt/39732/reedereistandort-deutschland-in-gefahr/?sf_action=get_data&sf_data=results&_sf_s=Schiffsfonds&sort_order=date+desc
41 HSH Corporate Finance, 2008
42 Fuchs, 2015, S. 256
43 Hansa International Maritime Journal, 11/2010, S. 7
44 2009 hielten die Commerzbank und die Dresdner Bank gemeinsam 80 Prozent an der Deutschen Schiffsbank, nach einer Kapitalerhöhung 92 Prozent

Anmerkungen

45 Alle Bankzahlen zu Kredithöhe und Anteil an der Bilanzsumme: André Menze, Hansa International Maritime Journal, 11/2010, S. 7
46 Hansa International Maritime Journal, http://www.hansa-online. de/2017/08/schifffahrt/82306/kehraus-bei-der-commerzbank/
47 Hansa International Maritime Journal, 11/2010, S. 62–75
48 Wirtschaftswoche: Bank hat Verluste womöglich zu spät gemeldet, http://www.wiwo.de/unternehmen/banken/bremer-landesbank-bank-hat-verluste-womoeglich-zu-spaet-gemeldet/13717710.html
49 Hansa International Maritime Journal, http://www.hansa-online. de/2017/08/finanzen/82852/blb-verliert-schiffsfinanzierung/
50 Gemessen an der Bilanzsumme.
51 Verband geschlossene Fonds
52 Dobert, Hansa Journal, 7/2010
53 *Lizenz zum Bauernfang. Die Selbstbereicherungsstrategien der Fonds-Manager und das Versagen der Finanzkontrolleure* von Stefan Loipfinger, Eigenverlag 2008, S. 299f.
54 Laut Performance Bericht 2016 von CFB Fonds, S. 106f.
55 ebd., S. 292
56 *Stiftung Warentest*, 18.5.2004, https://www.test.de/Schiffsfonds-Schwankende-Schiffe-1177791-1177860/
57 ebd.
58 Fuchs, 2015, S. 183
59 *Süddeutsche Zeitung*, 6.12.2015, http://www.sueddeutsche.de/wirtschaft/geldanlage-dubiose-schiffsfonds-mit-vollen-segeln-in-die-pleite-1.2767642
60 ebd.
61 *Stiftung Warentest*, 18.5.2004, https://www.test.de/Schiffsfonds-Schwankende-Schiffe-1177791-1177860/
62 ebd.
63 ebd.
64 Voigtmann, 2010, S. 188
65 Zeitreihen-Datenbank der Deutschen Bundesbank für Umlaufsrenditen inländischer Inhaberschuldverschreibungen / Anleihen der öffentlichen Hand
66 *Süddeutsche Zeitung*, 6.12.2015, http://www.sueddeutsche.de/wirtschaft/geldanlage-dubiose-schiffsfonds-mit-vollen-segeln-in-die-pleite-1.2767642
67 Fuchs, 2015, S. 161
68 Fuchs, 2015, S. 131
69 Lüdicke/Arndt, 2009, S. 245
70 Fuchs, 2015, S. 138
71 Lüdicke, in: ebd. S. 143
72 Fuchs, 2015, S. 139

Anmerkungen

73 ebd. S. 139f.
74 Voigtmann, 2010, S. 53
75 Fondsprospekt, S. 5
76 ebd.
77 ebd., S. 6
78 ebd., S. 18
79 ebd., S. 16
80 ebd., S. 20
81 *Wirtschaftswoche*, 16.11.2012, http://www.wiwo.de/finanzen/geldanlage/schiffsfonds-wie-anleger-noch-von-bord-springen/7395672-all.html
82 *Stiftung Warentest*, 18.5.2004, https://www.test.de/Schiffsfonds-Schwankende-Schiffe-1177791-1177860/
83 ebd.
84 *Stiftung Warentest*, 18.5.2004, https://www.test.de/Schiffsfonds-Schwankende-Schiffe-1177791-1177860/
85 Loipfinger, 2008, S. 291f.
86 ebd., S. 294
87 *Manager Magazin*, 21.7.2009, http://www.manager-magazin.de/finanzen/geldanlage/a-636738-4.html
88 ebd.
89 Einige davon bezogen allerdings Einnahmen aus Einnahmepools, ebd.
90 ebd.
91 ebd.
92 *Handelsblatt*, 15.11.2012, http://www.handelsblatt.com/finanzen/anlagestrategie/fonds-etf/schiffsfonds-experte-dobert-anleger-muessen-nachschiessen/3302258.html
93 Hansa International Maritime Journal, 10/2010, S. 107f.
94 ebd.
95 ebd.
96 ebd.
97 ebd.
98 ebd.
99 laut Branchenverband VGF/BSI
100 *Handelsblatt*, 15.11.2012, http://www.handelsblatt.com/finanzen/anlagestrategie/fonds-etf/schiffsfonds-experte-dobert-anleger-muessen-nachschiessen/3302258.html
101 Tammo Andersch, Michael Axhausen, Jörg Balz (alle KPMG), Burkhard Lemper (ISL)

Anmerkungen

102 *Manager Magazin*, 21.7.2009, http://www.manager-magazin.de/finanzen/geldanlage/a-636738-2.html
103 ebd.
104 ebd.
105 *Manager Magazin*, 21.7.2009, http://www.manager-magazin.de/finanzen/geldanlage/a-636738-3.html
106 ebd.
107 Hansa International Maritime Journal, 10/2010, 10, S. 105–107
108 *Handelsblatt*, 15.11.2012, http://www.handelsblatt.com/finanzen/anlagestrategie/fonds-etf/schiffahrtsexperte-juergen-dobert-ende-mit-schrecken-fuer-anleger/3499092.html
109 Hansa International Maritime Journal, 11/2010, S. 62–75
110 Mark Kuchenbecker, Axel Siepmann, Naves Corporate Finance; Martina Hertwig, Jörg Mühlenkamp, TPW Wirtschaftsprüfungsgesellschaft. Vortrag: »Droht deutschen Reedern der Ausverkauf?«, Hansa-Forum, 18.11.2010
111 Mark Kuchenbecker, Axel Siepmann, Naves Corporate Finance; Martina Hertwig, Jörg Mühlenkamp, TPW Wirtschaftsprüfungsgesellschaft. Vortrag: »Droht deutschen Reedern der Ausverkauf?«, Hansa-Forum, 18.11.2010
112 Brandt, Claus (PricewaterhouseCoopers AG), Hansa-Forum, 18.11.2010
113 Hansa International Maritime Journal, 7/2010
114 ebd.
115 ebd.
116 ebd.
117 ebd.
118 ebd.
119 ebd.
120 ebd.
121 ebd.
122 ebd.
123 Hansa International Maritime Journal, 7/2010
124 *Wirtschaftswoche*, 16.11.2012, http://www.wiwo.de/finanzen/geldanlage/schiffsfonds-wie-anleger-noch-von-bord-springen/7395672.html
125 ebd.
126 ebd.
127 Hansa International Maritime Journal, http://www.hansa-online.de/2013/12/schifffahrt/47333/deutsche-schifffahrt-muss-sich-neu-erfinden/?sf_action=get_data&sf_data=results&_sf_s=Schiffsfonds&sort_order=-date+desc
128 ebd.

Anmerkungen

129 Süddeutsche Zeitung, 6.12.2015, http://www.sueddeutsche.de/wirtschaft/geldanlage-dubiose-schiffsfonds-mit-vollen-segeln-in-die-pleite-1.2767642
130 Hansa International Maritime Journal, 7/2010
131 Fuchs, 2015, S. 117f.
132 ebd. S. 157
133 BGH, Urt., 15.01.2013, II ZR 45/12, RZ 7 na. juris
134 BGH, Urteil vom 7. April 2003 – II ZR 160/02, WM 2003, 1086, 1088
135 Hansa International Maritime Journal, 11/2010
136 ebd.
137 ebd.
138 Hansa International Maritime Journal, http://www.hansa-online.de/2014/07/schifffahrt/39732/reedereistandort-deutschland-in-gefahr/?sf_action=get_data&sf_data=results&_sf_s=Schiffsfonds&sort_order=date+desc
139 ebd.
140 Hansa International Maritime Journal, http://www.hansa-online.de/2016/08/schifffahrt/7973/nach-wie-vor-hohe-risikovorsorge-bei-hsh-Nordbank AG/?sf_action=get_data&sf_data=results&_sf_s=HSH
141 Hansa International Maritime Journal, 11/2010
142 *Die Zeit*, 11/2017, http://www.zeit.de/2017/11/reedereien-schifffahrt-steuern-hsh-Nordbank AG-bernd-kortuem
143 In einer Bürgerschaftssitzung in 2003 zur Gründung der HSH Nordbank, zitiert u.a. in der Tageszeitung *DIE WELT* vom 19.2.2009.
144 Öffentliche Sitzung von Finanzausschuss, Innen- und Rechtsausschuss sowie Wirtschaftsausschuss des Schleswig-Holsteinischen Landtags am 19.3.2009
145 HSH Nordbank: Ad-hoc-Meldung nach § 15 WPHG am 19.10. 2015
146 Dani Parthum: Dr. No und die Unschuldigen, Hamburg 2015